U0621091

民宿中国行

《民宿中国行》编写组◎编著

云南
YUNNAN

中国科学技术出版社

·北 京·

前 言
PREFACE

在中国，民宿火了。

像所有新生的力量一样，它疯狂生长。一方面因为消费升级所带来的个性消费需求，另一方面因为一开始就有的资本介入。因此，中国大陆民宿的轨迹已经偏离了它在日本和中国台湾地区的最初样子，其定义更为宽泛：非标准化的、体现个性的住宿空间和方式。在这个意义上，狭义的民宿、客栈、小型精品酒店、设计师酒店、乡村度假酒店、精品农家乐等一切不按照标准、更注重个性的住宿产品都可以放在"民宿"的范畴。

该如何从产品上勾勒一个民宿？

中国的现代民宿生于丽江、大理，长于莫干山，红于建筑设计师、媒体人。应该说，踩在消费升级这个鼓点上，一群渴望张扬个性、活出自我的设计师和媒体人开始在风景至美的自然之中建造自己的生活乌托邦。因此，中国的民宿给人的第一印象一定是：颜值高。但颜值并非唯一因素，真正可以称之为民宿的灵魂的，是"主人的精神和气质"。好看的皮囊、有趣的灵魂在"民宿"这个定义上实现了统一。

但这还不够。地段也是民宿的重要衡量标准。在这个维度下，优美的风景、深厚的人文历史、淳朴的民风都是衡量的标准。民宿，生在这样的外部环境之中。

既然是住宿产品，那么服务是必不可少的考量范畴。除了主人的文化气息，让人觉得如家一样温暖而贴心的个性化服务也是民宿的重要定义原则。

虽然民宿的概念在中国是宽泛的，但是民宿住宿却是个性的、小众的，每个分支都有它存在的必要和需求。在《民宿中国行》丛书中，我们在民宿的选取上，并不以"颜值"为唯一标准。"调性"固然要考量，但红颜会老，真正让民宿长久下去的是它的"主人精神"。因此，我们更看重一个民宿的突出特点，但范围是宽泛的：既有适合外地人／外国人的城市民宿，也有适合本地人的郊区民宿；既有设计网红民宿，也有朴素但服务暖心的景区民宿；既有充满当地历史人文气息的文化民宿，也有以自然风光见长的山野民宿；既有城市精英偏爱的民宿，也不忽略大众度假需求；既有温馨的亲子家庭度假民宿，也有浪漫的情侣民宿；既有艺术家开办的民宿，也有大明星爱去的民宿……

在编写过程中，我们得到了书中各家民宿的大力支持。他们不仅为体验师提供了实地体验的机会，也提供了图片和文字资料作为参考，令我们的工作得以有效推进。

希望在这套书里，你能找到那个与你内心契合的心灵归所；希望你遇见，一群如你一样的灵魂；希望你无论多忙，都懂得去生活。

《民宿中国行》编写组

2019年1月

目 录
CONTENTS

CHAPTER

01

丽江

花间堂 · 怡池院

遇见我之前，
千万别和丽江谈恋爱

P010

花筑 · 光隐设计师
酒店

小隐于巷，却有光

P030

花间堂 · 编织人家

丽江织女的梦想霓裳

P002

花筑 · 牡丹亭

良辰美景赏心乐事，
一场旖旎缱绻的梦

P020

花筑 · 沁园客栈

蓝天下，
我看见了第一朵桃花开

P042

墅家 · 玉庐雪嵩院
质朴的浪漫，自在的优雅

P052

青普文化行馆 · 丽江白沙
一场流动的纳西文化盛宴

P074

松赞丽江林卡
在惊艳安德鲁王子的酒店，和活佛做邻居

P096

无华艺宿
虽名无华，实则惊艳

P062

瓦蓝
隐藏在大研古城里最后的明媚诗意

P084

CHAPTER
02

大理

花筑 · 静芝院客栈
开满鲜花的地方,
心总晒着太阳

P116

瓦蓝 · 惜汐湾
一生之水:
在醉蓝的洱海上,优雅地醒来

P132

既下山 · 大理古城店
抵达内心的边境

P124

一宿
对大理的了解,从这里开始

P108

喜林苑 · 宝成府
一个美国人写给中国的"情书"

P144

喜林苑 · 杨品相宅

躲进最繁华的世外桃源，
品味百年白族大宅的柔软时光

P154

大理青朴精品度假酒店

一间看得见风景、住得进主人内心的房间：
我好像住进了一个人的心里

P172

花筑 · 嘉措别苑

睡土司的床，
做雪域最大的王

P184

贰叁

不争第一，只做"贰叁"

P164

CHAPTER
03

香格里拉

松赞香格里拉林卡

藏地秘境，
抵达自我的灵魂之旅

P194

云 南

∨

CHAPTER 01

丽江

花间堂·编织人家

花间堂·怡池院

花筑·牡丹亭

花筑·光隐设计师酒店

花筑·沁园客栈

墅家·玉庐雪嵩院

无华艺宿

青普文化行馆·丽江白沙

瓦蓝

松赞丽江林卡

丽江，中国"文艺流浪者"最早的天堂。成千上万的文艺青年留下来开店，形成了丽江民宿特有的"主人文化"。走进一个店，晒着太阳和主人闲话，是绝对的"生活之外"。

花间堂·编织人家、花间堂·怡池院、瓦蓝·隐寓、瓦蓝·意庐这些早年进入的民宿，依然执着地保留着丽江民宿的核心精神；花筑·光隐设计师酒店、花筑·牡丹亭、花筑·沁园客栈、无华艺宿已经有了设计师的精致，带给身处丽江的你不一样的住宿体验。

丽江古城之外，青普文化行馆·丽江白沙会给你带来一场丽江文化盛宴；玉龙雪山脚下的墅家·玉庐雪嵩院，让人只想隐居此间谈恋爱；茨满村的松赞丽江林卡惊艳了英国的安德鲁王子。

花间堂·编织人家

丽江织女的梦想霓裳

云 南

文 —— 余音

图 —— 花间堂·编织人家

花间堂缘起于丽江古城的老宅，在丽江100所重点保护民居中，花间堂改造了其中的4处：一处是中医世家的老宅，一处是原来丽江老县长的府邸，一处是古城狮子山半山腰处的一所老民居，一处是纳西族马帮首领的老宅。

花间堂·编织人家便是丽江赫赫有名的马帮首领的宅院，在丽江古城重点保护民居中排名第二，至今已有300多年的历史。走马帮是个冒险的职业，他们大多全副武装，去挑战高原的险恶地形、恶劣天气、野兽病毒、土匪强盗……马帮的首领被称作"马锅头"，带领马帮纵横在艰险神秘的茶马古道上。改土归流后，其老宅被用作纳西编织文化教习所，完整地保留了古老的丽江织机和织法。所以，花间堂以"编织"作为主题，打造了花间堂·编织人家。

位于丽江市古城区七一街兴文巷17号的花间堂·编织人家，与丽江画院、东巴纸坊在地理位置上连成一线，各自独有的文化脉络组成了一道丽江传统文化的风景线。

怀着对历史文化的敬畏之心，怀着对这些古宅故事的热情与好奇，设计师在对每间花间堂进行改造前，都会查阅大量的历史资料，请教很多文物建筑保护方面的专家，老宅中的梁柱、砖瓦、木雕、石刻，能保留的全都尽力保留，以期最大限度地还原老宅的风韵。同时，也让老宅能够满足人们对现代生活品质与品位的要求，让它焕发生机。

花间堂·编织人家亦是如此。前、中、后3个院落，构建于纳西族传统的大型木质结构之上，至今保有昔日纳西妇女在此编织披肩、背篓等日常用品的生活气息，历史在这里重现，那些勤劳智慧的纳西织女们，似乎从未老去。

非常特别的是，花间堂·编织人家有一间编织文化展示馆。这里有大量的纳西传统古家具，古老的丽江织机，用满满一屋子的原料才能加工制成的火草衣，具有100多年历史的白族绣花鞋，纯手工编制的"七星""辫子""牛勒巴""踅踅"……在这里可以看到来自纳西族、白族、藏族、彝族等多个民族的竹编、草编、线编和刺绣工艺制品。如果留心，你还会发现马锅头长长的烟枪还在这间屋子里，为主人的传奇做证。

我们无法穿越时间，但是凝视这些几近失传的传统编织工艺，好像看到了昔日丽江织女们在做手工活儿的身影。历史通过她们编织的披肩、背篓等物件把那些有温度、有灵魂的东西传承了下来。

花间堂·编织人家的三进院落，一共有15间客房，房型包括温馨的大床特色房、大床或双床园景房及套房。空间格局各有不同，但装饰十分讲究，处处都显现着丽江元素和编织的主题，原木色和灰砖色成了空间的主要色彩，辅以彩色靠垫、窗帘和帷幔作为装饰。这里有着丽江的古老朴素，也有着丽江与生俱来的旖旎风情，就像居住在丽江织女编织的多彩的霓裳梦里。有的房间在窗前配备了浴缸，你可以躺在浴缸里，隔着窗

榻看窗外的蓝天；有的房间里有榻，你可以坐在榻上，用房间内的电热水壶和茶壶煮水亨茶，享受静好岁月。每个房间都值得沉醉不醒，所以如果你不想出门，会有管家把早餐送到房间里。

虽然把"世界"挡在了"室外"，却离尘不离城。每个房间都配有液晶电视，也可在房间内高速上网，让你时时看到外面的世界。

除了编织文化展示馆，最让人沉醉的还有美食。花间堂·编织人家的早餐很丰富，有很多样式可以选择，纳西族大姐做的米线更是味道纯正。花间堂·编织人家还有自助厨房，如果你有心情下厨，也可以做一下"离家大厨"。当然，你也可以去周边探索地道的美食：小厨子私房菜会供应一流的美味——水性杨花，小锅巴纳西美食的梅子酒和花花色私房菜的秘制啤酒鱼都令人赞不绝口。

除了书房、茶室、影音游戏区，花间堂·编织人家还有手工DIY体验区，你可以自己做一些丽江特色小物，体验丽江工艺。

因为花间堂倡导家庭式、老友式的服务，注重互信、分享与互动，所以，人在其中会感到更温馨、更舒适，有如同回家一般的感觉。

虽是旅者，更是家人。在这里，孤独是用来享受的，快乐是可以分享的，人们更容易剔除过往的纷繁疲累，放下内心的戒备，走出自己，走进别人，成为彼此快乐的源泉。

地址 ▶ 云南省丽江市古城区七一街兴文巷17号

联系
方式 ▶ 0888-5393518

周边
景点 ▶ 木府、狮子山、文昌宫、黑龙潭公园

民宿中国行 · 云南

008

花间堂·怡池院

遇见我之前，
千万别和丽江谈恋爱

云　南

文 —— 余音

图 —— 花间堂·怡池院

　　喜欢住花间堂的原因之一，是它的每间店都有独特的文化渊源。走进去，那种千百年积淀下来的气韵，无须大张旗鼓，你便心领神会。

　　"丽江"，读到这个词就能感觉到它荡漾着旖旎的风情，多姿多彩的少数民族文化在丽江融汇，这种风情层次是丰富的，元素是多元的。

　　丽江，是少数派，也兼容并蓄。花间堂·怡池院，亦如是。

位于丽江市古城区五一街文华巷55号的花间堂·怡池院，与古城其他街道的精巧不同，怡池旁边的街道都很开阔，前后有两条溪流环绕，道宽路阔，水能生财，正因此，这里曾是古城的一家银行。

花间堂·怡池院临着古城最老的石桥——万子桥，走在上面，心动一下，似乎便有千百年的历史；花间堂·怡池院亦与展现纳西族传统婚俗的纳西喜院隔街相望，闲的时候，出了门便可以看一看当年纳西族人的嫁娶民俗。

花间堂·怡池院的大门上、屋檐上均是木雕，宛如经过岁月沉淀的普洱茶，朴拙中带着醇厚和风雨日光萃取的精美。

一进门，依然是怒放的红牡丹，占尽春情。大厅的布置，色彩就如丽江一样丰富、浓艳但不失和谐。梁柱上的文字和座椅上的纳西图腾都让人忍不住去向店员问个究竟。

　　与一般的丽江民居格局不同，由两个大的四合院组成的花间堂·怡池院，古朴中透出恢宏的气度。这种气度，从大门口一直延伸到庭院内。建筑大气从容，房上的雕花甚是精美，鲜花绿植却造出一份闲逸之感。为了让大家走出房间，庭院里设置了很多遮阳伞和桌椅，来店里的人都可以在丽江的艳阳下泡一壶普洱茶，看天上云卷云舒，听别人的故事，想自己的心事。我来的时候，正是玉兰开时，束素亭亭，玉兰树下有摇椅，傍晚的时候，坐在摇椅上，晚风轻拂，清香四溢。

花间堂·怡池院一共有18间客房，每间都有自己的主题，迷失东巴、古城攻略、摩梭风情、元阳梯田……

"迷失东巴"是一间亲子客房。大床和儿童床之间的墙壁上是一个东巴文装饰，店长告诉我，这是东巴文"爱"，所传达和传递的正是父母与孩子之间最真挚的心意。墙壁上对东巴文和东巴画都有解释。如果有小朋友来住，可以学着写，或者说学着画，在往后的岁月里，他一定会很骄傲地说，他曾经在丽江"学"过现今唯一存活于世的象形文字——东巴文。

"古城攻略"，床头的墙上是古城的地图，不出房间便能对这细密如织的古城了然于胸。

　　我个人最喜欢"摩梭风情"。摩梭风情以泸沽湖摩梭人的生活为主题，墙壁上的画是泸沽湖的山水，客厅的长椅、卧室的床都是以泸沽湖的船作为元素，无论是午后发呆还是夜半好梦，都让人想起如远古般澄澈的湖面，白云游动，青山倒影巍巍，摩梭人的小舟在湖面上行驶……整个房间就如同一幅流动着摩梭风情的画，而自己就是那画中人。总之，它会让你想起摩梭人，想起原始淳朴的爱情。

花间堂·怡池院的大气还在于它拥有古城客栈中最高的层高，通透敞亮，整个居住感觉非常舒适。

花间堂·怡池院客房内的所有床品，均由花间堂特别聘请国际顶级酒店集团供应商量身定做；浴室空间很大，淋浴、桑拿或者按摩浴缸，多种不同的洗浴方式创造不同的放松旅居生活，而盥洗用具全部采用高档品牌。花间堂·怡池院采用价格不菲的空气泵作为热水循环系统，恒定水温，保证热水源源不断地供应，虽然丽江温差大，但是花间堂·怡池院的客房24小时都是温度适宜的。

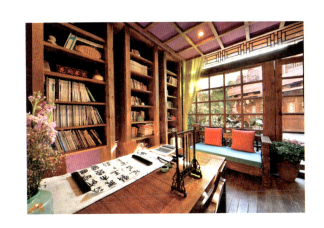

当然，丽江的丰富，在于它不只有慢生活。你可以放下行走的脚步，也可以燃起灵魂的温度。除了蓝天白云和少数民族的文化历史，在花间堂·怡池院，你同样可以欣赏高清电影和原声音乐，感受高保真音响和蓝光播放器出众的听觉、视觉效果；电玩爱好者可以一起玩Wii。这里有文艺，这里也从来不缺年轻。

有热闹，也有清幽。在花间堂·怡池院的书房读一下午的书，或者去东巴文化主题茶吧喝一场纳西族的下午茶，书墨茶香氤氲，慢悠悠地品味丽江的丰富节奏。

地址 ▶	云南省丽江市古城区五一街文华巷55号
联系方式 ▶	13320411961
周边景点 ▶	木府、狮子山、丽江金塔景区、万子桥

花筑·牡丹亭

良辰美景赏心乐事，
一场旖旎缱绻的梦

云　南

文　—　余音

图　—　花筑·牡丹亭

　　牡丹亭是花筑在丽江古城的两家直营店之一，也是以轻奢标准打造的客栈。

　　在我抵达丽江古城的那天上午，管家便打来电话确认我到店的时间，手机地图显示这里离古城的南门只有几十米的距离，但管家还是执意来接我。办理入住手续的工夫，店长与我一起喝茶，桌上还有鲜花饼、干果和应季的新鲜水果，嘴巴是决计不会无聊的，也瞬间消除了初来乍到的陌生感。

办理好入住手续后，管家帮我把行李提上二楼的房间，并对房间进行了介绍，告诉我有哪些可能注意不到但其实可以享受的细致服务，还帮我调好灯光、空调和电视。说来惭愧，从不看电视的我，确实对众多遥控器有些迷糊。虽然我未开口，管家却已全部调好，"细致入微"这个词开始在我心中慢慢浮起。

放好行李后，我没有休息，却先跑到庭院中央的凉亭内。丽江大大小小的民宿内都有这样的凉亭，飘着彩色的帷幔，看多了就有些厌倦，但是这个凉亭我却非常喜欢。它

的设计并没有标新立异，但视觉感触却是大方得体的，茶几上的小盆景也透着江南的雅致。亭子紧靠着白墙，墙边种满枫树、竹子和山茶等绿植。阳光穿过亭与墙的缝隙正好照到色彩艳丽的靠垫上，眼前也因此明丽起来。呼吸里有来自树的清新和湿意，阳光是恰好的暖却没有强烈的紫外线的侵袭。靠在座椅上晒太阳，对面的三角梅在庭中开得正艳。清风徐来，隐约像有人吟着"袅晴丝吹来闲庭院，摇漾春如线"，那是渴望自由的杜丽娘吗？

花筑·牡丹亭，整个主题便是根据《牡丹亭》故事而延伸的，一廊一柱、一花一木都和着书中意，都有着《牡丹亭》的典雅秀丽。象征着爱情的浪漫主义色彩"玫红色"是整个空间主题的引导色，行走其间，便如同进入一个女性编织的温婉、柔美的梦境中。

花筑·牡丹亭一共有12间客房，房型有院落阳光大床房、阳光豪华大床房、雪山尊享套房。客房的名称，也以梦为主题，晓梦、喜梦、眠梦、探梦、牵梦……顺序遵从故事中主角梦中相识、相爱，最终梦醒、美梦成真的发展顺序，整个花筑·牡丹亭，就像一出浪漫的《牡丹亭》戏剧。室内和走廊上工整的桌椅案几，是江南的味道；传统的工笔花鸟画点缀在室内的墙壁上，很容易让人进入《牡丹亭》故事的优美情境中。

我住的是二楼的雪山尊享套房——醉梦，光听名字就令人沉醉。房间面积大得感觉可以办聚会，让人忍不住就想撒欢儿。客厅将浴室和卧室分开。床是丽江的雕花大床，床上的玫红色靠垫延续着整个空间的主题，床头两侧的灯也都是工笔花鸟的，让空间多了几分柔媚的味道。

两面的落地窗都可以看到窗外的景观。躺在窗前的按摩椅上，眼前就是纳西人家的田地连着的整个古城，而扭过头，从玉龙雪山上流下来的泉水就从眼前穿过。

住民宿，其实是一场对主人生活的探索。身处其间，你会不自觉地去想它到底有何特别，它到底藏了怎样的惊喜。如果这么想花筑·牡丹亭，那它是"大小相间，收放自如"。

大，空间格局够大气：不光厅和卧室的功能区，连浴室都超级开阔；小，小细节藏着层出不穷的惊喜：贵重物品可以装进保险箱，旅途疲惫就用按摩椅放松一下或是用按摩盆泡个脚。除了小型饮水机，吧台上还放着矿泉水、茶、咖啡、红酒；晚上回到房间，发现吧台上又放好了四样小水果、巧克力以及抹茶曲奇，还很贴心地放了护手霜和欢迎卡，提醒了次日的温度。过了一会儿，

管家便送来了晚安甜点，而且说一周七天不重样，所以住上一周也不会觉得乏味。

浴室的设计是我超级喜欢的：空间非常开阔，丝毫没有局促的感觉；干湿分离。可以按摩的浴缸，备着浴盐，最适合泡澡，水流360°环绕全身，隔着浴帘隐约可看见窗外的景致，水汽氤氲，也许就是一场梦吧。智能加热马桶在还有些清寒的初春最是必要；洗漱的台盆，高度恰到好处；洗浴品牌是高端护理品牌，能够瞬间唤醒皮肤活力。

吃完甜点，洗漱完毕，便可以躺在舒适的床上做一个属于自己的美梦了。

早餐采用自助形式，菜品虽不多，但都比较精致。做菜的纳西族阿姨特别和善，煮得一手好米线，那香气让人流连。

　　我一直固执地认为，丽江的阳光就是让人做一场缱绻缠绵的梦的。但如果住得不爽，梦难免会醒。而花筑·牡丹亭，却是一个可以让这场美梦一直沉醉的民宿。

地址 ▶ 云南省丽江市古城区七一街八一下段6号

联系
方式 ▶ 18088932551

周边
景点 ▶ 木府、狮子山、丽江金塔景区、万子桥

花筑·光隐设计师酒店

小隐于巷，却有光

云南

文 —— 余音

图 —— 花筑·光隐设计师酒店

  如果丽江有一家民宿，可以用"千千万万人之中的惊鸿一瞥"来形容，那非花筑·光隐设计师酒店（简称"光隐"）莫属。

  在丽江，总有些"彩练当空舞"的气势，而光隐在这漫天彩练中，就如同一朵洁白、飘逸的云，安静地隐于古城的东边。但即使如此，只要路过，你还是能一眼发现，它如此与众不同。

遇见光隐的时候，我已在丽江游荡了一天。满眼的纳西族老院子被改造成很"大路货"的文艺气的酒吧、商铺和客栈，每个看似有趣的面孔，都有着差不多的气质。

　　光隐在古城比较安静的东边。路过的时候，黑色的大门敞着，人的目光对美的本能追寻，使我一下子就看到了门内的照壁。和传统纳西族的照壁不同，白墙露出土色的泥坯，墙面是洁白的"光隐"，有点儿宋代的简约风流，也有点儿未来气质。墙侧的竹子隐约透了出来，半隐半显之间，让人忍不住要探寻它的故事。一只猫正蹲在照壁下的地上，像是迎着客人。后来我知道，其实这只猫并无法看到这世界，它曾是一只流浪猫，后来被此间的主人收养，居住于此。

　　走进院子，里面更是有让人惊艳的"洞天"。整个院子，从建筑就能看出它很有历史，雕花镂空的窗却抽象精细，让你感到它一定被一个神奇的设计师改造过。院落的中央是一汪水景，好像整个空间都筑于水上。地面所用的是一种丽江当地的单一颜色的浅色石材，让人想起不远处的玉龙雪山。石板在水上一块块地漂浮着，让人忍不住想起飘逸的白鹤。线条很有未来感的白色几何长椅，被安放在石板上，同样让人有归隐山林、泛舟江湖的感觉。

无论走到院子的哪个角落，都会有一束光。白天，水面、地面光的反射和大量的镜面玻璃，大大增加了一楼房间的采光效果。

办完入住手续后，我没有急着回房间，而是与管家喝着茶聊起了这个院子的历史。

这里原是一栋始建于南宋的老宅，800多年前的李姓家族在传统江南四合五天井结构的院落中巧妙地融入"三坊一照壁"的纳西传统建筑风格，这样的建筑结构在全国也弥足珍贵。

屋檐下的石刻源于乾隆年间，木门上的"三层雕花"工艺已渐渐失传，后院的紫薇树已静静地矗立了上百年。它像是一个特别有见识的见证人，见证了古城从开始到现在的历史。

光阴于它是过去，但是并不沉溺于过去，更穿越到了未来。

为了给老宅添"新衣"，主人邀请著名国际科技概念建筑设计师，将老宅的建筑结构与现代科技进行设计融合，打造出丽江第一家高品质环保智能民宿。所有家居采用一体化远程控制，智能入住系统，无线灯光控制，生物体热感应取电，机器人管家……这是老宅过去与未来的对话。

通过智能门锁和手机端的操作，可以为旅行带来很多便利。目前，丽江几乎所有的客栈都采用的是人工形式来为住客提供入住手续办理服务，一方面在多人入住时会造成排队等待，消耗时间；另一方面，人在丽江很容易玩到很晚，给客房服务带来不便。而在光隐通过手机便可以设置回店开门的密码，非常方便。

虽然光隐以科技作为服务特色，但是人性化的温暖一点儿也没减少。我住光隐的时候，因为一些事情的耽搁，回店很晚，店内的小姐姐问过我几次，要我注意安全，三番五次确认我的安全后，等我回到店里后方才放心。

　　光隐共有11间房，房名皆出自古诗词，"山栖""月霁""陆离"……客房都采用颜色温暖的木材，墙面图案和木屏风相呼应。传统与未来之间，舒适与雅致之间，在风格上做了很好的平衡。但是11间客房的空间布局却各有不同，有些房间的浴缸拥有别致的景观，有些房间在传统的屋檐下有面水的室外休闲座，有些房间带有独立后院，竹林环绕……所以，每个房间都有独特的诗意体验。

　　我住的是一间有天窗的客房。日光之下，躺在床上，屋顶有开阔的天窗，抬头便是蓝天白云；窗户上的小巧雕花窗格使窗外的植物影影绰绰。光以不同的渠道和方式投射进来，形成完美的弧线，变化出无穷的、令人沉迷的光影游戏，它是人以自然之力所创造的新媒体视觉作品。床边便是泡澡养生池，如果你有闲情逸致，便可以一边泡澡养生，一边享受阳光与花园的温暖。

如果想要安静，可以去光隐的后院，那里有被保护的百年老树，也有充满未来科技感的白色躺椅和座椅。如果没有团体的活动，可以安安静静地在历史与未来中间，晒个太阳、聊聊天、看书、发呆、听音乐，做任何值得浪费生命的事情。

我很喜欢光隐的餐厅。早餐既有当地美食，也有西式简餐。光线透过木屏风上的图案形成独特效果，你能感到阳光就在唇边，被你吃下去后，整个人瞬间就晴朗了。

老房子自身是会说话的，它静静地散发着另一个时代的魅力。来光隐，在小隐于巷的安然中体验另一种时间。

地址 ▸ 云南省丽江市古城区义尚街文明巷18号

联系
方式 ▸ 0888-8899128

周边
景点 ▸ 木府、大水车、文昌宫

花筑·沁园客栈

蓝天下，
我看见了第一朵桃花开

云 南

文 —— 余音

图 —— 花筑·沁园客栈

在道路纵横交错的丽江古城，很容易迷路。但找到木府，便找到花筑·沁园客栈了。

花筑·沁园客栈位于丽江古城西南方，狮子山的脚下，是花筑旗下的轻奢度假客栈。

它是我在丽江住的第二家民宿。前一个晚上，我选择了一家"很丽江"的民宿投宿。但是文艺小清新的卖相拯救不了糟糕的居住体验。起床后，只有在阳光下才能感到一丝暖意的我赶快拎着行李哆哆嗦嗦狼狈地"逃"了出来。

花筑·沁园客栈跟我一路上看到的很多客栈都不一样。一进门，开阔的大厅，便让我感受到一种厚度和宽度。它不像文艺小清新客栈那么讨喜，但是历经岁月，人们往往都会懂得，内敛宽厚的气质有着更让人放心的力量。

从大厅穿过庭院，左侧便是一个独立茶室，空间是"简宋"的风格，很有禅茶一味的情调，可以约上朋友来此聊天。

再往里走，超大的庭院让我不敢相信这是丽江民宿的格局。问过店员才知道，花筑·沁园客栈由丽江古城约10个民居四合院组成，拥有七大公区、超大庭院、观景露台、独立茶室……这个体量在丽江古城可谓屈指可数。

每个院落都有独特的悦目之处，行走其间，堪称一场盛大的游园会。松竹流水、山水壁画、翠竹葱郁，标准的纳西风情格调院落泛着悠悠古韵。自由活动的公区很多，并且空间开阔，所以人行走其间，会觉得分外舒展，丝毫不觉得局促。主院三楼有超大观景平台，可观万古楼、狮子山、木府及丽江古城全景。走在院子里，我看到桃花开了，这是我今年看到的第一株盛开的桃花。

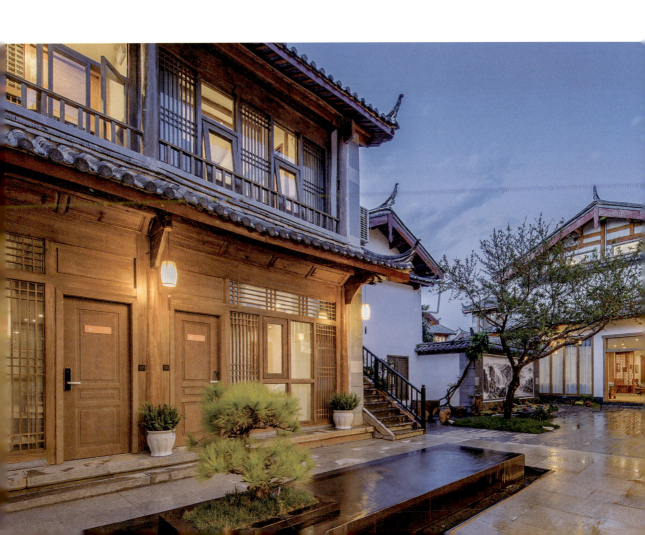

　　除了咖啡室和茶室，这里竟然藏着一个非常大的葡萄酒窖，让人仿佛进入一个魔法殿堂，每瓶酒都封藏着自然和岁月的故事。这里不仅有果味和单宁的典雅，也储藏着历史与文化的味道。

　　花筑·沁园客栈的厚重还体现在无论客房内还是公区空间，都有定制的红木家具，让整个民宿都流露出中国式的典雅庄重与精致。红木家具看似质地坚硬却非常细腻，整个线条非常符合人体功能比例尺度。坐在红木椅上休息、喝茶，是正宗的中国式雅致生活。

因为有10个院落，花筑·沁园客栈的房型也有48种。房间整体给人非常浓郁的中式古典氛围感，以古典红木家具及空间对称的布局结合山水画的点缀，通过中式元素的搭配，将中式风格的质朴、典雅与幽静传达得十分到位。壁挂式电视墙，有效利用了空间，也让空间多了份沉稳和大气。

　　吧台上放着茶、现磨咖啡、红酒、啤酒和时令水果，足不出户，便可酣饮一番。

　　这里给我的另一个惊喜是卫浴空间，选用一线品牌卫浴设施，提升每一个细节的体验感。除了豪华高端的卫浴设施，我住的房间竟然还拥有私人汗蒸房，并放置了泡脚的木桶。智能马桶也出乎我的意料，体验过了丽江的寒冷，我感受到来自马桶的温暖，竟不想离开。如果只是洗澡，热水的温度也刚好调到温暖舒适。

　　床垫很舒服，羽绒枕头很软，身体接触到的地方都是一种自然的、放松的状态。

　　次日的早餐也比较丰富，有油条、包子、馒头、煮蛋和蔬菜，也可以自己煎鸡蛋、烤面包片。

这样的丽江，才能真正让内心的时光缓慢下来、柔软下来，去感知它丰富的美：雪山潺流、古城古镇，少数民族文化夹着现代的酒吧客栈生活，历史厚重又气质文艺，闲适慵懒又"纸醉金迷"。　.

　　因此，虽然花筑·沁园客栈有足够丰富的公共空间可以品味慢时光，但也不妨出来感受一下丽江。

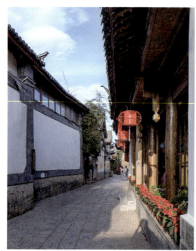

毕竟，从这里走出去没几步，便是丽江历史上的权力中枢——木府。木府大院是一座纳西宫廷式建筑，建于原来的木府旧址之上，府内雕梁画栋，沟渠纵横，终年活水长流，既有唐宋建筑的古朴风貌，又保留了纳西建筑的特色。走入木府大院，你可以了解到昔日土司家族的兴衰历史，也能在木府的风景里感受到纳西建筑与纳西文化的魅力和精髓。

除了木府，也可以去忠义市场走一遭。那里是感受当地风土人情的最佳地点，站在市场中央，抬头是圣洁的玉龙雪山，眼前是尘世的活色生香——鲜活的纳西人生活风貌在这里被淋漓尽致地展现出来。

如果有机会一定要听一听"音乐化石"——纳西古乐。我去的那晚很遗憾，下午3点买了票，兴奋地等着晚上的到来，但到了演出开始前一分钟，依然只有我一个观众。工作人员很遗憾地告诉我，因为观众太少，演出取消了，所以要把门票钱退给我。我说："不用了，做个纪念吧，算我支持纳西古乐了。"

丽江的美，在于它的丰富。花筑·沁园客栈的存在，证明了不仅有小资，也有大气的生活。

地址	▶	云南省丽江市古城区光义街忠义巷162号
联系方式	▶	0888-5550678
周边景点	▶	木府、狮子山、文昌宫、黑龙潭公园

墅家·玉庐雪嵩院

质朴的浪漫，自在的优雅

云 南

文 —— 余音

图 —— 墅家·玉庐雪嵩院

　　1922年，美籍奥地利学者、探险家约瑟夫·洛克以美国《国家地理》杂志撰稿人、摄影师、植物学家、地质学家等身份进入中国云南，来到距离丽江古城15千米、玉龙雪山脚下、纳西语中叫作"巫鲁肯"的村子——玉湖村。自此，这个安静生长了几百年的纳西族古村落，透过美国《国家地理》杂志来到了世人面前。

　　玉湖村的历史可追溯至明代。因背靠玉龙雪山，土司木氏家族在此挖人工湖，修筑避暑夏宫、玉龙书院，建养鹿场。蓝天白云衬托着玉龙雪峰倒映湖中，大自然仿佛都沉淀在湖底。这"玉湖倒影"便是著名的"玉龙十二景"之一，玉湖村便因此得名。

　　洛克在此居住了27年，1949年返回夏威夷。他在病逝前曾说："与其让我躺在病床上死去，还不如让我躺在玉龙雪山脚下的花草中。"

　　有趣的是，15千米外的丽江古城早已成为喧嚣的商业街区，而玉湖村，在此后的岁月里却依然保持着它的与世无争。

与其他纳西族村落不同，海拔2700米的玉湖村整个都是由石头垒砌而成。家家户户养狗、种花、植树。家家户户门前拴着矮脚马，骑马依然是他们最主要的交通方式。春天的时候，蔷薇开满街道，穿着纳西族传统服饰的村民在村子里走着，好像外面的那个"地球村"与他们全然无关。

2017年4月，位于玉湖村的墅家·玉庐雪嵩院，站在了世界建筑设计界的巅峰，斩获国际设计界最高荣誉——意大利A'Design Award建筑设计类铂金奖。

也许，从木府土司将夏宫选址于玉湖村时起，便注定了它与世无争但每每出场便惊艳世界的命运。

雪山脚下雪嵩院

"2016国际十佳客栈民宿品牌""2016首届中国文旅产业巅峰大会十大最具网络人气民宿""2016年亚洲旅游年度风尚大典亚洲最佳度假酒店"……墅家·玉庐雪嵩院一开业便惊艳整个民宿圈，气质与它所在的村庄一脉相承。

墅家·玉庐雪嵩院的设计师，正是它的主人聂剑平，别号"明朗"。"重剑无锋，大巧不工"，设计师的功力也在经过雕琢的精巧和浑然天成的拙朴间见分晓。

从外面看去，由石头的院墙围着，墅家·玉庐雪嵩院自然地融在整个村落石头筑成的浑厚与古朴之中。

墅家·玉庐雪嵩院的入口极为隐蔽，立在门口的木雕纳西族图腾，像是替主人欢迎远道而来的客人。门前，圆形的空间不大，景观却很丰富。湖一样的水面，石板为桥，从玉龙雪山上流下来的水，水声叮咚，好像你要穿过一片湖，才能推开墅家·玉庐雪嵩院的门。

推开门，里面果然别有洞天。一片水面，连接着大堂与居住区。朝大堂望去，它宛若筑于水上，背后便是玉龙雪山。大堂采用纳西族传统的梁上鱼纹做装饰，屋檐下祈福的悬鱼，在玉龙雪山的映衬之下，好像在讲述着一个古老的纳西族故事。

木桥从水上逶迤至大堂，经过的时候，从玉龙雪山上流下来的水顺着墙壁流下来，水雾四起，宛若仙境。

进入大堂，穿着纳西族传统服装的纳西族姑娘便热情地迎上来，帮我办理入住手续。趁着这工夫，我打量起了大堂。吧台旁边是休息区，壁炉里燃烧着从玉龙雪山上拾来的柴火，壁炉下的石头缝里正生长着绿茸茸的青苔。透过透明的玻璃，可以看见隔壁的茶室。

这时，一个纳西族姑娘拿来早餐菜单，让我选择明天早晨想要吃的早餐。那感觉，一下子让我想起了妈妈，每天晚上都会问我"明天早晨想吃什么"。

自在的优雅，只想隐居此间谈恋爱

办理好入住手续之后，管家帮我拎着行李送到房间。途中他告诉我，墅家·玉庐雪嵩院共有13栋石头建筑，除了大堂所在的吧台、茶室、餐厅区，11栋为住宿区，此外还有1栋是民俗博物馆，老聂请高级摄影师帮玉湖村里所有70岁以上老人拍摄的肖像，就陈列在博物馆里。

墅家·玉庐雪嵩院的客房有雪山观景套房、星空大床房、亲子园景套房、复式大床别墅等。空间以白色为主，布置却各有心思。

我住的房间是雪山观景套房。进去的时候，房间内如春天般暖和，让我丝毫不觉得自己刚从呼啸的冷风中过来。管家打开墙壁上的天窗开关，天窗徐徐开启，丽江湛蓝的天露了出来。管家告诉我，"这里的每个客房都有天窗"，不论是在客厅里坐着，还是在卧室里躺着，都可以看见蓝天和星空。

白色的墙壁搭配地中海蓝的桌椅，使整个房间明亮、清新、通透。房间内还特别设置了厨房，客人可以自己做简餐。从落地窗往外看，近前是婚礼广场，远处则是丽江古城。转过身来，床的帷幔在空中悬挂，有一种无法言说的温柔和飘逸之感。为了让空间更有层次，老聂把这个景观房做成了错层。顺着台阶才能走到卧室，床头便是落地窗的方向，在床的框架中，看上去好像一幅画。床尾则朝着飘窗，靠着飘窗往外看，窗外桃花盛开，再远一些便是玉龙雪山，低头可见雪山融水从窗前流过，抬头透过天窗便是蓝天，躺在浴缸里也可看见玉龙雪山。

　　床品自不用说，在民宿江湖中，我便是从一个顶级床品供应商那里听到老聂的名号的，他们有着长期深度的合作。对自己生活有品质要求的人，对自己创造的住宿空间也有着近乎苛刻的要求。所以，这床便是一个温柔的梦境。

　　整个房间给人的感觉正是老聂所要传达的"质朴的浪漫，自在的优雅"。在其间，人真实地活在风景之中，又真切地被浪漫所包裹。那一刻，你会被这浪漫、这自在所融化，一切都不重要了，只想隐遁于这一方天地谈一场恋爱。

质朴的浪漫

吃晚饭前，我去了老聂特地用连理枝设计的婚礼广场，前阵子一对美国夫妇刚在这里举办完婚礼。夕阳西下的时候，站在婚礼广场上，抬头便是玉龙雪山，远眺就是丽江古城的全貌。那一刻，我便明白了为何木府土司会将夏宫选址于此。谈起墅家·玉庐雪嵩院的设计，老聂说："因为玉龙雪山脚下的风景实在是太好了，360°，哪一个角度都不想浪费了。"

墅家·玉庐雪嵩院的饭菜以云南当地菜肴为主，但大厨会根据客人的实际情况进行个性化的调整，所以无论天南海北的人都能吃得可口。如果人多，一定要试试墅家的特色"小青辣火锅"。需要特别说明的是，墅家·玉庐雪嵩院的餐厅是24小时开放的，"有的客人到达这里时很晚，我们希望他们任何时候都能吃到温暖新鲜的饭菜。"老聂说。

虽远离闹市，这里的生活却并不乏味。清晨，可以早起，跑去村头的湖边看初升的红日把玉龙雪山染成粉色，凛冽中多了温柔和妩媚；白天可以骑马，可以去玉柱擎天风景区，可以去拜访洛克故居，也有"纳西家访"；如果在纳西族传统节日前往墅家·玉庐雪嵩院，可以体验更加原汁原味的村落乡情。

墅家·玉庐雪嵩院有自己的下午茶，穿着古装的姑娘温婉优雅，为客人煮茶，与客人聊天，不失为一番雅意；也许，你会邂逅不定期前来的茶道大师，听他讲丽江古茶树的秘密；老聂的太太是古筝艺术家，如果有幸，也会听到她在蓝天白云雪山之间的演奏；老聂是个烟斗控，所以在墅家·玉庐雪嵩院有一间房是他的私藏，丽江的烟斗大师也常来这里会面切磋。

七八月份的时候，院子前后的山上，蘑菇竞相破土而出，墅家·玉庐雪嵩院会组织大家上山采蘑菇，回到酒店后，用采回来的蘑菇可以换取墅家·玉庐雪嵩院特供的丽江特产。

雪山、玉湖、石头房子、纳西人家，墅家·玉庐雪嵩院用质朴的浪漫，演绎了一种自在优雅的个性度假方式。

地址 ▶	云南省丽江市玉龙纳西族自治县玉湖村
联系方式 ▶	0888-5347666
周边景点 ▶	龙女湖、玉龙雪山风景区、玉峰寺

无华艺宿

虽名无华，实则惊艳

云　南

图——无华艺宿　　文——余音

游隐美学民宿
Youinn hotel

虽然过了很多年，但我总还是时常想起在北京的鼓楼大街上，听无华艺宿的老板——江湖人称"红尘大叔"的许文标，谈论何为民宿本质的场景。

那时的无华艺宿已经有了几家店，在众多众筹项目中，它是最早实现分红的为数不多的几个民宿品牌之一。与打着"情怀"牌的网红民宿主的骄傲飞扬不同，帅气的"红尘大叔"谈起民宿来，非常朴实但又切中要害，就如这个名字：无华艺宿，看似朴实无华，却有着诗意生活最根本的精致气质。

无华艺宿 · 回顾

在丽江古城内漫游时，我心想，想要在丽江古城的几千家民宿中做出自己的特色，让人在满眼皆是的丽江风情中一眼认出，确实不是一件容易的事。

丽江的灵魂，是玉龙雪山上的水，它在古城内分成宽宽窄窄的支流，绕古城而过，有人说，如果在丽江迷路了，那就顺着水流走，一定能出城。无华艺宿 · 回顾，便临水而立。纯白色的建筑，原木色的窗，宛如水边临风而立的君子，在贩卖丽江风情的一众民宿中，遗世独立。

无华艺宿 · 回顾位于大研古城的中心，距木府仅600米，临近普贤寺、万子桥、大石桥，前往古城北门、四方街、大水车这些古城的主要景点都很方便。

没有用丽江传统的纳西族建筑风格，没有绚丽的色彩和漫天飞舞的彩色纱幔，无华艺宿 · 回顾展现的是一种日式的严谨和内敛。

一进大堂，眼前便是原木的屏风，上面摆满白色的团扇。细长的木条窗，白的墙，光与影在空间内自由流动。大厅内设有许多卡座，可以供客人休息。茶室和公区相通，八边形玻璃窗引景入室，喝茶的时候，看着窗外，会感觉空间多了几分回味的趣味。这

里的茶，也是无华艺宿特别定制的。

院落也充满了浓浓的日式风格。运用大量的白色和原木色，极简的中式禅茶文化结合纳西文化，使得整体气质简明轻快。通过运用精巧的装饰，在喧嚣的丽江创造出一个充满禅意的闲隐空间。在院落内，有个透明的玻璃书房，横跨在水池之上。书房面积不大，更像一个"玻璃盒子"、一个庭院之中的艺术装置，里面有按摩椅，书架上有书，坐在按摩椅上晒着太阳、读着书，会让身体全然放松。

客房的风格沿袭了整个空间的气质，以原木色与白色为主色，有的房间躺在床上就能看见玉龙雪山。

说起无华艺宿，看起来质朴无华，但是它的惊艳之处却在那些无可言说而身体和灵魂却能感知的地方。虽然是民宿，但在软性配置上的标准却是五星级的。

可以说，在无华艺宿，每一种接触都让身体获得舒展的自由。无华艺宿的床品几乎是无可挑剔的，据说其团队花半年时间睡过将近100个品牌后，最终才选定了希腊知名品牌的纯乳胶床垫和加拿大知名品牌的羽绒被。这两个品牌的特点，不仅是柔软和自然，更重要的是非常符合人体结构，可以让身体始终处于平衡无负荷状态，从而获得最佳睡眠质量。

洗浴用品则采用了英国知名个人护理品牌皇家专用系列。

此外，这种接触还体现在环保元素的大量运用上：这里有比正常造价高出5倍的进口水曲柳实木家具，有用麦梗制作的可降解洗漱杯，有号称"可以吃的纸巾"。

科技的应用也让整个空间更加舒适自由。一人一码远程APP智能控制身份认证门禁锁，营造出私密舒适的休憩空间。客房内严选德国优质水质净化器、高端卫浴、智能马桶、智能家电、房间智能客控及24小时恒温。

无华艺宿·IN亲子概念酒店

坐落在丽江古城的无华艺宿·IN亲子概念酒店，就是我一直在寻找的那一刻怦然心动。

这里不同于古城里纳西族特有的木屋，也不是日式的原木色，没有烦琐的装饰，亦没有抚琴般意境的花鸟树木。从大门开始，直至前台、走廊、院落、房间，极简的风格将干净的特点发挥到了极致。

但简单简洁不代表简陋。这是目前最为流行的ins风，它逃脱了所有对于民宿定位的风格，抱持着自己奢华却又带着素雅的诗意，就像在夏天，操场上那个穿着白衬衫的少年。

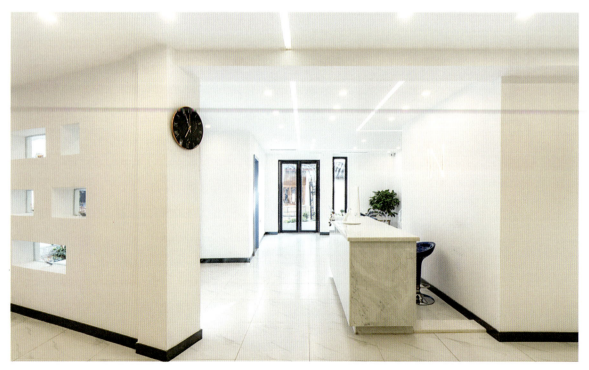

无华艺宿·IN亲子概念酒店不仅将ins风格在建筑中发挥到极致，更是将真正的亲子关系融入了房间。不是放了一个玩具，不是多了孩子的用品而已，而是将滑滑梯都搬进了房间，真正帮助旅途中的奶爸奶妈解放了双手。

　　智能客控系统，不仅可以一键开启门锁、灯光、窗帘、空调、蓝牙音乐，更能体验智能细节的微妙之处。

无华艺宿的另一个特色是七星级一对一管家服务。为了最大限度地为客人提供全方位、贴心细致的管家服务，客房与管家比是3∶1，管家服务从客人确定预订后就开始了，一直到客人退房才结束。

　　丽江，是古老而浪漫的。在这里，每一块青石、每一条小溪，都流淌着时间、流淌着过去；每一座小桥、每一处庭院，都镌刻着足迹、诉说着历史；每一座门坊、每一条小巷，都浓缩着千般恩怨、万种风情。

　　而无华艺宿就在这里等你回家。

地址 ▸	回顾：云南省丽江市古城区新义街百岁坊51号 IN亲子概念酒店：云南省丽江市古城区大研街道五一社区兴仁中段69号
联系方式 ▸	回顾：0888-5569111 IN亲子概念酒店：0888-5322666
周边景点 ▸	回顾：普贤寺、万子桥、大石桥、木府 IN亲子概念酒店：大石桥、文昌宫、四方街、大水车

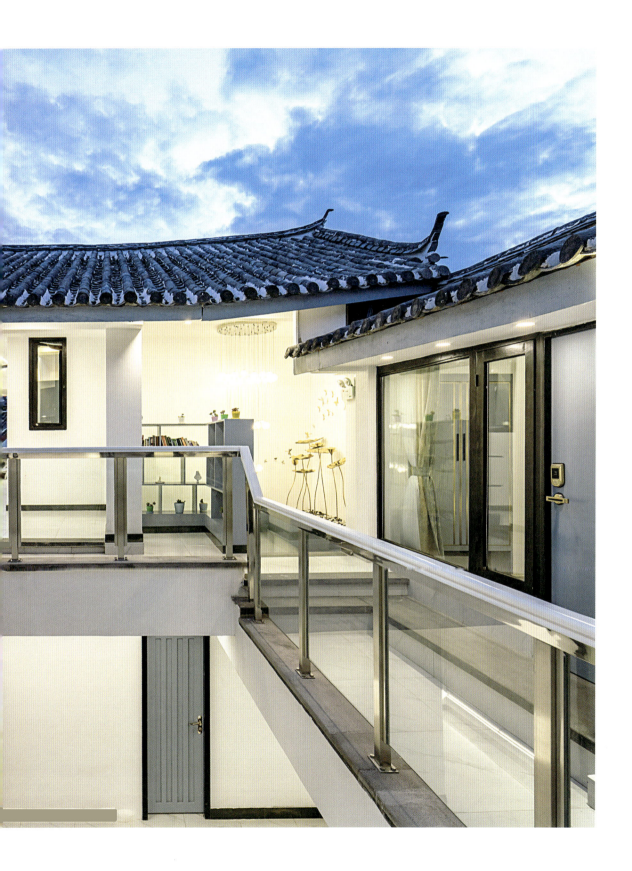

青普文化行馆·丽江白沙

一场流动的纳西文化盛宴

云 南

文 — 余音

图 — 青普文化行馆·丽江白沙

丽江最后的慢时光

丽江旅行，不仅有小情调，还有大格调。

出丽江古城，车子朝玉龙雪山的方向开去，行至白沙古镇，逼仄的内心便疏阔开来。喧嚣的表象渐行渐远，雪山之下，真实的丽江、古老的纳西族一直安静地在那里。

这里有着令人着迷的魔力：明清的老建筑群、长达2千米的白沙老街古村落、白沙壁画，以及抬眼即可望见的玉龙雪山。满街是纳西族传统民居"崩时芝"，像是被现代社会忘记了；这里的居民90%为纳西族人，家家户户的门都是半掩着，似乎他们的世界从来没被外面的人打扰过；背着竹篓、穿着纳西族传统服装的老人蹒跚地走在石板路上；古镇的主街上，商铺贩卖着服饰古玩以及传统的纳西手工刺绣；扎染的披肩在巷子里随风飘扬；也有一些设计清雅或者极具个性的酒吧、咖啡馆，人不多……一切都有一种被时光遗忘的感觉。

然而，历史上的白沙并非如此清寂。最早的纳西族人就在此居住，这里是木氏家族的发源地，也是丽江最古老的集镇之一。唐时，木氏祖先就在这里修建了白沙街和北岳庙，是宋元之前丽江的经济、政治和文化中心。明代，木氏鼎盛时期，白沙初具规模，极具特色的白沙琉璃殿、大宝积宫等建筑便建于当时。随着木氏家族外迁到大研，白沙也渐渐衰落成此刻丽江最后一段没有被打扰的时光。

白沙，见证过丽江经济的繁华和文化的包容。它是丽江最初的文脉，也是最后的守护。纵然世事易迁，大气、从容、淡然的灵魂内核却从未改变过。青普文化行馆·丽江白沙便隐居此间，宛如一个集文化大成的儒者，散发着高雅、质朴的光。

一份悠然的当代中国雅士度假生活美学提案

旅行，本该是让生命中的时光变得优雅、从容的艺术。马不停蹄地看风景，不如停下来，让文化给灵魂一场深度的光合作用。

对于一个中国人而言，那些像血液一样流淌在身体里的传统文化的幽情，就如一股强大的情感力量，依然触及灵魂般地打动我们内心最柔软的部分。

推崇"人文度假生活"的青普文化行馆·丽江白沙是旅行度假行业的一个"新物种"。区别于传统民宿和酒店，青普"人文度假生活"不仅仅是从度假生活的广度来诠释，而且从人文的深度进行了细腻的诠释，以文化作为度假生活的精神气质，以社交作为度假生活的灵魂，从而让度假生活有了更丰富的层次、更高雅的人文内涵，也让旅行充满永不休止的新鲜感。

遇见雪山

站在青普文化行馆·丽江白沙的门前，五花石砌筑的外墙颇具纳西族特有的质朴粗粝的味道；老建筑的大门写满被岁月雕刻的沧桑。

推门而入，两侧的水池延伸出通往大堂的路，水池外侧的石墙仿佛浮于水上，倒影水间，质朴厚重中生出了灵性，安静中有了张力和戏剧的趣味，让心瞬间轻盈柔和起来。

青普文化行馆·丽江白沙由日本著名设计师堤由匡所设计，而这个设计在2019年刚刚荣获意大利A'Design Award银奖。尊重、承袭纳西族文化的DNA，保留了纳西建筑的传统院落式布局，对五花石、杉木、东巴纸等白沙本地原料进行创新设计，朴拙中有着细腻而感性的艺术气质。同时，大胆加入了对当代高雅度假生活的创新性表达。漫步其间，你会感受到青普文化行馆·丽江白沙荡漾着的开朗自信的文化意向以及非常纳西的审美风度。

青普文化行馆·丽江白沙共有19间客房。云藕淡墨、光碧诗楼、云居集、啸月堂诗、爱松幽、芝山云藕、竹林野韵、滇南诗略、明诗别裁……光听名字，便足以撩动你内心那根诗意的琴弦了。不同的房型会有不同的风景：皑皑雪山、纳西村庄、田野……悠悠千年的时光体悟，山水的自然魅力，便在推开一扇窗的距离。

为了让大家放下手机，走入真实的生活，青普文化行馆·丽江白沙的公共空间在行馆内占有超大比例，有专门的茶、手作、会议及美食空间，有层出不穷的文化和社交惊喜。

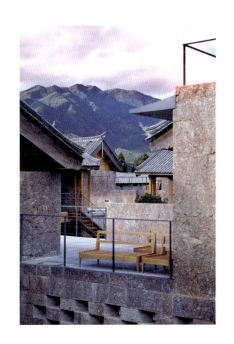

青普文化行馆·丽江白沙虽不紧贴雪山，但行馆内设计了数个高低错落的户外观景平台，无论是喝茶看书、躺在竹椅上小憩，抑或推开房门，雪山都以不同的面目出现在你抬头的每个视野中：没有遮挡的雪山，与纳西族建筑物结合的雪山，水流平台上面的雪山，日照金山的美景……

青普文化行馆·丽江白沙公区的设计，更引人进入与自然的对话。

庭院中间保留了一个老建筑，一层全部打开让水缓缓流过，同时这一层设计了户外座椅。白天不想动的时候，就静静听着水流动的声音，静谧得让人心无旁骛；夜晚的时候，苍凉的白沙细乐讲述着古老的丽江故事。

二层的多功能厅，外墙以玻璃窗的形式呈现，明明在室内，却好像被树木和雪山包围。玻璃窗全部可以开启，风从这一侧的田野吹过，经过你的身体，吹向远处的雪山。

　　不光是大空间，行馆里的小物件也引人入胜，让你忍不住探索一番。瓦猫、马镫、日式花道、空灵鼓、陶器里的水中花……件件样样都让人觉得，唯有活得有趣，生命才不会荒芜。

　　行馆公共区域的书充满了娴雅意味：《海错图》《随园食单》《造物之美》《岁时令节》《两宋茶事》《花园里的科学与艺术》《林泉高致》……

同样的24小时，更丰富的心灵旅行

青普文化行馆·丽江白沙有着独特的"主人文化"——不是喝着茶天南海北地聊天，而是安排了丰富的人文度假体验。对于丽江，你不再是孤单地探索，而是有熟知本地历史、民俗、非遗、艺术的名家，以讲解、制作、偕游等形式，让你全景领略丽江的风土、风物、风情。

在纳西人的带领下，围着火塘或篝火唱歌喝酒、打跳、跳勒巴舞等，真正体验纳西火塘文化；去看白沙壁画，于明清建筑群中领略兼容并包的丽江文化；跟随当地有着丰富经验的植物学家或采菌人去山间采菌；颇具盛名的"东巴"会带你走入古纳西，深入了解东巴文化；高山植物专家将带你穿行山间，识别高原特有植物、草药，俯瞰丽江坝子绝美风光；青普文化专员带你去玉湖古村漫步；与纳西茶技艺传承人一起动手熬茶，聆听茶盏里动听的声响，感受纳西茶俗，品味纳西"龙虎斗"；认知不同的香草植物，喝一杯花草茶，亲手制作各类纯天然的香氛产品；听传承瓦猫民俗文化的匠人讲述瓦猫的故事，自己制作一只寓意吉祥的小瓦猫；听木府研究专家、木氏土司的后人解读木氏土司家族的历史；深谙皮具制作工艺的

地址 ▸ 云南省丽江市玉龙纳西族自治县白沙
古镇忠义四社

联系
方式 ▸ 18611781630

周边
景点 ▸ 白沙壁画、茶马古道博物馆、束河古镇

小麦老师会讲述茶马皮事以及皮具制作方法，做一个皮手环，成为随身携带的马帮记忆；学习藏香文化，制作藏香包，或者跃进松林，开启与丽江大自然精灵的身心联结频道；体验独特纳西扎染；探寻玉龙雪山和纳西人之间尚不久远的传奇故事；去云南最大的噶玛噶举寺院祈福……

作为一个富有文化魅力的深度人文度假场景空间，青普文化行馆·丽江白沙以凝聚质感氛围与建筑艺术的空间规划、丰富多彩的度假生活形态，把每一分每一秒都设想进来，在度假的现代情境里融入幽深丰富的传统文化风景，让旅行因为文化的色彩而冒出万种乐趣。

青普文化行馆·丽江白沙，正踩在时代的鼓点上。

瓦蓝

隐藏在大研古城里最后的明媚诗意

云 南

图 —— 文
—— 瓦 余
瓦 蓝 音

瓦蓝·隐寓：随寓而安，斯真隐矣

不要轻易去丽江，因为她会把你留下。丽江，曾是一个让人来了就不想走的地方。但从文艺到喧嚣，终究是大多数人都走了，走向另外的地方，寻找另外的诗意。

无论逃离或者守候，丽江的客栈文化是留下了。所以，去北京一定要看故宫，去上海一定要看东方明珠电视塔，去广州一定要去越秀公园，来丽江就一定要体验丽江客栈文化。

诗意到底在远方，还是心底？越来越多的逃离，能有初心，还保持着当初最美的丽江的客栈在丽江其实已经不多了。但幸运的是，终究有人因为初心，选择留下来，让那些后来的

人，还能看到当年的随性飞扬和浪漫。

"瓦蓝"便是。

"瓦蓝"，缘起瓦蓝夫妇。关于瓦蓝夫妇的传奇，在丽江老一辈客栈老板中一直流传着。他们辞去了深圳待遇优厚的工作，去支教，然后爱上了丽江，就停下来开客栈。瓦蓝夫妇和他们的伙伴是真正有公益精神和办事能力的人，十多年间他们修建了许多学校公路，资助了很多宁蒗的孩子。

走到丽江市古城区五一街王家庄巷18号，一大枝应着时节怒放的杏花，立在门厅中央古朴的花瓶内。树枝疏落，杏花繁密，影影绰绰之间，里面幽静的庭园若隐若现。

"随寓而安，斯真隐矣"即为瓦蓝·隐寓。它是瓦蓝旗下第三家直营精品客栈。

往里走，是前厅，也是一个红酒廊。红砖的墙上，红酒的摆放很有格调。皮椅、木桌在沧桑怀旧中却又有着以享受为最高原则的意味。到达瓦蓝·隐寓的下午，我就坐在前厅另一侧的桌子边，身体随意地陷在沙发里，喝着茶，看着窗外的精致小景，沉醉在迷失于丽江阳光的想象里，不想出来。

瓦蓝·隐寓的庭院里也是种满花草，青瓦堆砌的照壁使庭院多了几分现代的设计感，但整体感觉是清幽的、安静的，就像我们心灵的一隅，世界在喧嚣，总有一种珍视，不被任何世事所打扰。

以节气为主题，瓦蓝·隐寓共打造了11间精品客房：朝·春分、朝·冬至、朝·秋分、市·白露、市·谷雨、市·惊蛰、市·芒种、市·夏至、野·霜降、野·小满、野·小雪。其中有格调大床房7间、榻榻米双床房3间和宽景尊享套房1间。

这11间客房，充满了绚烂的异域风情。在家具的选择上，因云南盛产木材，空间内家具以木材为主，配上丽江的雕花手艺，古典主义和民族风格融合的造型，每个房间都既厚重又有古朴的质感。床品和装饰却是绚丽的、浪漫的。除了榻榻米双床房，其他房型均配有一线品牌浴缸，部分房型还附带独立阳台或小花园。每个房间都配了红酒，这样充满异域风情的"蜜月风"空间最适合情侣或新婚夫妇居住，在丽江的艳阳下，给生活一份可以不断回味的甜蜜和浪漫。

如果说，瓦蓝·隐寓在空间上能寻见昔日丽江客栈的影子，更重要的还是它展现了生活的舒适和自由。瓦蓝·隐寓所有房间均配备高端卫浴、羽绒床褥、高档床品及洗浴用品。客房备有不同材质的枕芯供选择，手霜、身体乳、面膜、加湿器、营养早餐、时令水果、客房鲜花……呵护到旅居生活的每个细节。

在瓦蓝·隐寓，你会忘记季节更替，欣赏四季冷暖，时钟也会为你停止摆动。

瓦蓝·意庐：精骛八极、神驰千里的浪漫

瓦蓝·意庐，是一个整个空间都写满诗意的客栈。

走进瓦蓝·意庐的时候，庭前的李子花开得正艳。古朴的纳西老宅，庭前缀着这雪葩白，花在枝上却好像随时都化作雨坠下来。一院沧桑中，透着清雅。隔壁的酒吧正唱着忧伤的歌。一瞬间，心就留给丽江了。

比起瓦蓝·隐寓，瓦蓝·意庐的院子更多了一种醉生梦死的享乐感。院子里有很多不同类型的座椅：一群人可以围在一起聊天喝酒；两个人可以依偎在靠椅上卿卿我我；当然一个人也不孤寂，可以在花荫下的躺椅上沐浴温柔的阳光。

瓦蓝·意庐的客房一共有7间，打造了7种不同的浪漫，但是每个房间都有免费入户的丽江阳光。店长告诉我，这个体量，特别受情侣和团建公司的欢迎。房间不多，隔音效果良好，单住也不会被打扰；团建刚好适合包下整个院子。

　　"清平乐"是禅风客房，落地玻璃，超大榻榻米配实木大床，开门就是独立花草小院。坐在庭前喝茶，看着窗外阳光，还真有些"梅长苏"的飘逸。

　　"醉花阴"则主打中式风格，定制雕花家具、中式花鸟图案的装饰，清雅含蓄、端庄丰华的东方式精神境界，总让人想起李清照的词。外面是私享的水边小院，摇碎了丽江的阳光。

　　"清溪引"是地中海式唯美风，长长的白色窗幔，一下子就到了圣托里尼。15平方米私密入户水景小院；窗边便是河，只需要推开一扇窗，便是免费的古城人行街景。

　　"如梦令"是公主房，2.4米直径大圆床，贵妃式摆放浴缸，落地玻璃，懒人沙发，梦幻般的纱饰，阳光洒进来，每个女孩都可以在这里做一个梦幻中的公主。

　　"风入松"则是东南亚的绚丽风格。室内的绿色正和窗外的树相呼应。树下阳光平台，通透落地玻璃，懒人沙发，飘逸的纱幔，仿佛置身于东南亚的阳光中。

　　"柳含烟"是地道的纳西风情。窗边临河，12平方米阳光私密平台，户外阳光大躺床，躺在窗边看着古城人来人往，感受阳光在唇边荡漾。

　　"浣溪纱"颇具色彩艳丽的摩梭风情，窗边临河，靠在窗边，就能享受免费的古城人行街景。

　　除了美，还有沉醉温柔乡里的舒适和浪漫。瓦蓝·意庐的每个房间都是两米大床、羽绒垫被，可以肆意地睡在丽江的温柔里；同时，每个房间都有8～10平方米干湿分离大浴室，半开放式的浴缸，别出心裁的设计，让人身处其间沐浴，都不自觉地心跳加速。如果不想出门，就坐在舒适的大沙发上，眼前是精致的茶具，泡着茶，喝着精选的红酒，看着40寸液晶电视，窗外有迷人的风景，室内有醉人的情调。

瓦蓝·意庐有免费早餐和水果，最让人放心的便是房间每日的清洁和整理，浴缸可当面进行清洗和消毒。

此外，瓦蓝·意庐还打造了专属旅居顾问，为你提供旅游咨询和行程设计服务，使你尽兴玩丽江。

瓦蓝·意庐专职小厨提供各式饭菜定制或搭伙。不过，我建议去瓦蓝单独的餐厅——"味庭"，这里的丽江菌子火锅绝对值得一试。高温下，菌菇的鲜香全被逼出来，汤的鲜美和菌菇的嫩软滑腻，是一种眼耳鼻舌身意的全面满足。

"常有人问'意庐'何意，我说，有意思的、写意的、意外的客栈，怎么理解都

行。最重要的是，这个地方，注定会有更多意趣相投的朋友际遇、暂别、再聚，总有一些温暖瞬间，在习惯相忘的旅途中，被唤醒。意庐，忆庐也！"

"瓦蓝"的创始人——"别人"如是说。

地址 ▶	隐寓：云南省丽江市古城区五一街王家庄巷18号
	意庐：云南省丽江市古城区五一街王家庄巷67号
联系方式 ▶	隐寓：0888-3193808
	意庐：0888-5377399
周边景点 ▶	木府、狮子山、文昌宫、大水车

松赞丽江林卡

在惊艳安德鲁王子的酒店，
和活佛做邻居

云　南

文 —— 余音

图 —— 松赞丽江林卡

　　自玉龙雪山而下，河水蜿蜒，宛若青龙。青龙河流过茨满村，这里的茨满梨闻名全国，年年四月，村子里开满梨花；这里曾是年轻人"命若贺"（谈情说爱）的地方；这里是青龙河唯一保持原貌的一段。

　　这里东临古城，北观玉龙雪山，南望文笔峰，西眺拉市海。眼前则是松坡林、梨园，静静地展示着纳西族尚未被打扰的田园风光。

　　这里是茨满村——纳西族人最早的居住地，茶马古道从西藏经过中甸东进丽江坝子的第一站，也是从丽江出发准备前往西藏的最后一个马帮停歇的驿所。

　　松赞丽江林卡，便将这个在茶马古道历史上重要的驿站作为松赞滇藏线的起点。

　　在藏语里，"林卡"是花园的意思，也是野外任何一处花木繁盛之处，"过林卡"是藏族人生活里一场尽兴的狂欢。

　　松赞是由藏族人白玛多吉创建的一个有着独特精神内涵的度假酒店集团，以藏地为起始，位于隐秘、自然、超胜之处。松赞系列酒店凭借自然人文氛围、人性化服务赢得上佳口碑，连续9年被全球权威、专业网站——美国旅行评价网站TripAdvisor（猫途鹰）评选为"中国最好的25家小酒店"；英国贵族杂志Tatler（尚流）将其列入"101家全世界最好的酒店"；美国CNN将其列入"中国风景最好的9家酒店"……

走进茨满村，抵达松赞丽江林卡。在葱郁的松坡林掩映之下，青灰色的酒店，雄伟厚重，颇有汉唐古风。院子里还保留着几棵老梨树，每到春天便开出洁白的花。

松赞丽江林卡是松赞创始人白玛多吉先生设计的第一家非藏式酒店。因为丽江是藏文化与汉地文化接触的前沿，它精神里有着一种兼容并包的从容气度和文化自信，所以松赞丽江林卡采用了汉唐官建形制，结合纳西族传统院落形式建造，来自汉地、藏地和纳西族的建筑

装饰元素随处可见。大门口和大厅内的众多石雕，都是由白玛多吉先生早期从安徽和河南收集而来，历经岁月的雕琢风化，线条朴拙但是谧宁凝思的情态还在，光影之中，让整个空间显得温润、沉稳、宁静，有一种袭自汉唐的气度和风流。餐厅中摆放的花鸟刺绣图，是纳西族的传统手工刺绣。据说，这门纳西族的古老手工艺的历史可以追溯到纳西族文字诞生前。

　　酒店共有客房42间，包括45平方米的豪华房（大床/双床）、60平方米的豪华套房和80平方米的家庭房。除了沿袭松赞一贯的装饰风格，房间设计也从当地的居住元素中获得灵感，如纳西风格的六扇窗，让空间更多了当地的体验感。

　　住得舒适是一个精品酒店的第一要义。松赞丽江林卡在居住方面非常人性化，除了选用五星级酒店最爱选择的金可儿床垫，住客也可根据自己的睡眠习惯要求将枕头换成荞麦枕。

松赞丽江林卡的地势十分优越，可以毫无障碍地远眺玉龙雪山。在房间的设置上，Loft客房都自带一个独立小院，风和日丽的时候，可以在院内读书，也可以像法国人那样花3个小时喝个下午茶；其他房间都配有一个小巧的阳台，客人可以坐在自己的阳台上，独自享受远处的玉龙雪山。而如果有幸，从你入住的房间阳台上也可以看到一个活佛的家就在你的隔壁。

　　松赞丽江林卡的餐厅在一座三层的独栋小楼中，以云南的本地家常菜为主。餐厅中最好的风景在三楼露台，让玉龙雪山做背景，享用酒店提供的自助烧烤。

　　在这里，度假生活绝不无聊。不出酒店，住宿区是一个围合的空间，庭院的中央是色彩如翡翠绿般的泳池，边上种着鲜花，明媚红艳得如金庸笔下的刀白凤。你可以在碧水红花之间，来一场日光浴；可以去书吧翻阅一本关于藏地的书；可以在带有小泡池、淋浴、干蒸功能的健身房挥汗如雨；也可以在慵懒的午后，来一场安静的SPA，在梦与醒之间体会身心的放松和愉悦；这里也有可容纳100人的会议室，够团队过来开会使用。

当然，如果你要出门，酒店有最体贴的管家带你了解在地文化。你可以去拉市海边的纳西村庄，走进传统"三坊一照壁"小院；寻访纳西族的起源地白沙古镇；感受被列入《世界遗产名录》的白沙壁画对各种宗教文化和艺术流派兼收并蓄、独树一帜的魅力；去游人罕至的普济寺或香火最旺的藏传佛教寺庙文峰寺；爬上文笔峰，从高处鸟瞰丽江古城……

有人说，松赞丽江林卡是一生必须要打卡一次的地方。甚至连英国的安德鲁王子也专程来到松赞丽江林卡，体验它是否如传说般神奇。当你走进来，你会清楚地知道，松赞丽江林卡确实是一个让人念念不忘的地方。

地址	▶	云南省丽江市古城区束河街道长水路茨满四组
联系方式	▶	0888-5370999
周边景点	▶	普济寺、狮子山、丽江古城

云 南

CHAPTER 02

大理

一宿

花筑·静芝院客栈

既下山·大理古城店

瓦蓝·惜汐湾

喜林苑·宝成府

喜林苑·杨品相宅

贰叁

大理青朴精品度假酒店

"上关花，下关风，下关风吹上关花；苍山雪，洱海月，洱海月照苍山雪。"光"风花雪月"四个字，大理便足以让世人沉醉。漫步大理古城，在最繁华的街道上，即下山·大理古城店就像一部格调极高的影片，让人忍不住想进入找一幕情节客串；可以在一宿听管家聊大理的"风花雪月"；可以去物华天宝、人杰地灵的喜洲，在喜林苑感受民国时期白族商贾之家的雕梁画栋、文明风雅；当然不可错过双廊，在瓦蓝·惜汐湾的"天空之镜"度一场心灵的"蜜月"；而如果你想把假期当作内心独享的珍视，那么金梭岛的大理青朴精品度假酒店则不可错过……

一宿

对大理的了解，从这里开始

云南

图——宿

文——余音

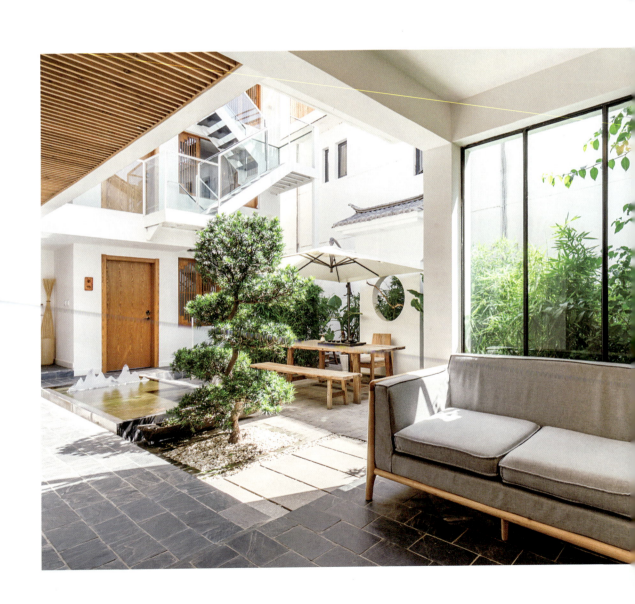

与丽江古城骨子里洋溢的那种强烈炫目民族气息的文艺不同，大理的文艺让人想起南国边陲的明媚和宁静，像拂过平静海面的风。当你走进大理古城内一条条的巷子，遇见那里的人，才会发现这个地方有趣的灵魂。

在丽江，你想醉生梦死；在大理，你愿岁月静好。

大理古城叶榆路165号，沿着一条不宽的巷子进去，没有一丝喧嚣，白墙上满是涂鸦，安静、悠长。距离主街几步的工夫，便见到很日式的门窗，那时阳光很好，洒在窗格间，里面的白色建筑若隐若现，像流动的风景，白墙上的黑色灯箱很有质感，赫然写着"宿"，接着便看到了一宿。

门口并不宽敞，但很有质感，让整个空间跟世界有一种若有若无的距离感。推门而入，白色的建筑配上玻璃作为装饰和接近阳光的介质，使空间中洋溢着一种空灵安静的气质。绿植葳蕤倚着白墙，宁静中便有了生动的气息。

这里由一个传统的白族院落改造而成，改造中融入了日式庭院的风格。院落不大，但细节颇为用心，处处流露着禅宗静谧的意韵：砺石松树照壁自然简朴中有着深深的雅意，水流中的鱼不需要世界懂得它的乐趣，这些自然的片段组合在一起，寸地之中却有着深山野谷幽美的意境。

因为是禅茶主题民宿，禅之外便是茶。茶在这里已经超越了传统的"品"的功能，更是空间内的装饰。除了可以在庭院内的遮阳伞下喝茶，在走廊里、在墙壁上，茶具也成了装饰，配着墙壁上颇具禅意的画，禅、茶、画，便形成了一种清宁至美的境界。走廊中玻璃的运用，使光影之中有了一种抽象而深邃的气质。总之，这小小一方天地，却让人不禁想要泡上一杯茶，慢慢品味。

打量院子的工夫，店里的小哥哥已经过来迎接我，带我参观房间。一宿三层楼一共有25间客房，房间名字间间茶韵浓郁：致远、忘尘、静心、望星、馨怡、行水、听松、古韵……室内空间继续让白色唱主角，贴近自然的木材的大规模应用，使宁静中又多了温暖、质朴的气息。床头的墙壁上取了苍山洱海的意象作为装饰，让空间中多了一些如行云流水般的诗意。我最喜欢星空客房，有天窗，配着这墙壁，仿佛躺在苍山之下、洱海之畔看星空。

虽然在空间视觉上营造出拙朴的氛围，拒绝"豪奢"、拒绝设计的"喧宾夺主"，但是一宿更看重那些幽微的神经深处可以感知到的妥帖：智能马桶、智能家电、各种智能开关……用科技的、更适合人性的理念，打造一种"智适"的度假感受；乳胶床垫、鸭绒被褥，旅途中没有什么比一夜美梦更让人愉悦了。

因为是禅茶主题的民宿，一宿的茶是精致的普洱茶，茶具也很挑剔。在室内，拉开遮光窗帘，看着外面禅意悠悠的庭院，泡上一壶温暖的普洱茶，心灵便有了温润的感觉。

当然，一定不要错过和店里的小哥哥聊天。他来大理多年，是个地道的大理通。如果你想要更好地了解大理，最好先和小哥哥喝上一个下午的茶。除了告诉你大理古城、文庙、南水库、尚书第、崇圣寺三塔这些历史的文脉；告诉你喜洲破酥粑粑、凉鸡米线、酸辣鱼、乳扇这些不可错过的云南美食；他还会告诉你大理最好喝的咖啡在哪里，哪家酒吧的精酿地道，哪个酒吧是明星开的，在哪个酒吧有你熟悉的歌手，哪条街上的餐馆"最大理"……听着他的话，寻觅过去，你会看到那些辞了职来到大理的姑娘，在摆过地摊后，买上一杯咖啡，坐在咖啡馆门外的坐垫上懒洋洋地喝着，不问明天；走进一个咖啡馆，如果你长得足够对老板的眼缘，也许就会被免单……这些才是大

理真正的气质和灵魂，这种散发着安逸气质和性情的文艺才是大理真正的活力所在。

大理的静谧中有着包容的文艺气质，这种静谧有一种魔力，它像一种诱惑，让你尽情释放幽禁于体内的那种"做自己"的浪漫。因为它，我相信了这世界有诗和远方，而这一切，便从一宿开始。

地址 ▶	云南省大理白族自治州大理市叶榆路165号
联系方式 ▶	15393962070
周边景点 ▶	大理古城、玉洱园、五华楼、苍山国家地质公园

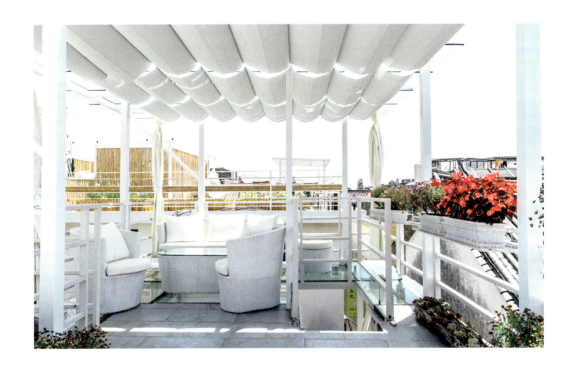

花筑·静芝院客栈

开满鲜花的地方，
心总晒着太阳

云　南

图　文

── ──

花　余
筑　音
·
静
芝
院
客
栈

抵达大理的时候，在下雨，初春时节，天微凉。

在约定好的餐馆等着管家来接我，雨气氤氲的大理古城，安静闲逸，没有半分逼仄。

没几分钟，管家便带着伞到了，帮我拎着行李箱，从广武路上的草堂进去。花筑·静芝院客栈（简称"静芝院"）是隐在大理古城的民居之中的，有些曲径通幽的意味。但正如此，没有商业氛围的烘托，于安静中，内心就生出一种拜访友人的亲切感和愉悦感。

青石板在巷子里一路延伸，暗青的颜色，在细雨中显示出细如叶脉的清晰纹理；墙边盛开的鲜花，刚被雨洗过，格外鲜艳。

刚进入院子，前台的小美女便递上来热姜茶："来，先暖暖。"那声音超级温暖和悦。

　　办理入住手续的工夫，我打量着院落。静芝院是传统的白族院落格局，也是"三坊一照壁"。院内桌椅板凳恰到好处地摆放，被绿植围绕着，很安静也很质朴；但照壁前的假山流水也为院子添了雅致和生动的意味。此时，茶花的香气若隐若现，池里鱼儿欢快地游动。看着照壁上的"福"字，我想这就是尘世"春暖花开"的朴素幸福吧。

　　我的房间在二楼。放好行李后，我便在走廊上看着外面的雨。因为房间在走廊尽头，外面正好有椅子，我便坐了下来。低头便是院落，前厅的工作人员正忙碌着。我很喜欢这种格局，能看到楼下有人在忙碌，能感知到空间里开放互动的人气，而不是封闭起来隔绝了自我。也许对面房间的人正好出门，你们会微笑着打招呼；如远眺，周围便是大理的万家灯火。如果想要看到更远的地方，三楼的庭院是不错的选择，在那里可以远眺苍山。此刻，正如水墨画一般的苍山，让人感到如此真实、如此接近。如果是晴天，可以坐在网红玻璃球秋千上，晒着太阳、看着苍山上的雪。

　　房间的布置以原木色为主，虽然简约但是体验感却非常细致。浴室是石材的，非常有质感，卫浴设备也很好。房内配有加湿器、空调和液晶电视；管家会提前为你准备好电热水壶、瓶装水以及茶具，24小时的热水，可以让身心随时放松。当然，也少不了欢迎水果。

对于住宿空间而言，让客人休息好，床品绝对是第一位的评判标准。静芝院的床舒服得让我意外，是一种超高性价比的好，从丽江到大理这一路的疲惫，全在这一晚好眠中消失了。所以第二天起来，吃罢早餐，我便满血复活，兴致勃勃地游逛了大理古城。

静芝院的早餐有米线、稀饭、面条、饵丝等，都是日常的早餐和小食。住客会围在一张长桌上一起吃饭，即使彼此不打招呼，也觉得温暖亲切。

吃了早餐，我便游荡出来。前台小姐姐看我要出门，迅速把伞给我准备好，还贴心地告诉我要去哪里逛才"最大理"。

静芝院在大理古城内广武路98号，离古城最繁华的人民路、洋人街仅5分钟路程。如果开车过来，停车场距这里只有2分钟的步行路程。

所以溜达出来，我便沉浸在大理古城的风花雪月之中了。

人民路是大理古城的主街，尽头便是苍山。它也是大理古城最繁华的街道，分为东西两段。西段是一条酒吧街，热闹而喧嚣，这里不但有英国人开的朋克酒吧，也有著名的民谣酒吧，最适合晚上来听歌；东段则安静而冷清，适合独自闲坐书写。这感觉，让人想起了巴黎的左岸和右岸。

洋人街，也是必去的地方。洋人街原名"护国路"，因民国初期云南人民反对袁世凯称帝，起兵护国而得名。白族传统建筑逐渐消失，洋人街却被保留了下来，现在成了别有风情的茶楼食肆聚集地。在这里，你可以感受到白族人精致秀丽的审美趣味。

大理不止有文艺，更有它独特的历史。如果想要了解大理的历史，崇圣寺三塔则是必访之所。大塔又名千寻塔，当地群众称它为"文笔塔"，西对苍山应乐峰，东对洱海。塔身通高69.13米，底方9.9米，凡16级，为大理地区典型的密檐式空心四方形砖塔。

离开大理古城的时候又开始下雨，在雨中再看大理古城，宁静而富有诗意。而静芝院，它并没有炫目的设计，却如不善言辞却内里丰富的主人——朴素，但你会一直回味。

也许这正是"花筑"品牌所提倡的"七感"吧。

花筑将传统五星级酒店所贯彻的视觉感、听觉感、味觉感、触觉感、嗅觉感这"五感"服务进行改进和升级，创造性地增加了"回忆感"与"参与感"，提出花筑独有的"七感"服务体系。而"回忆感"与"参与感"正是每段旅行最宝贵的记忆。

地址 ▶ 云南省大理白族自治州大理市古城广武路98号

联系方式 ▶ 18187222777

周边景点 ▶ 大理古城、洱海门、崇圣寺三塔公园、苍山国家地质公园

既下山·大理古城店

抵达内心的边境

云南

文——既下山

图——既下山·大理古城店

上过高山险峰，俯瞰过奔流的江河。想要消弭内心烟火，自然就走向"下山"的路。既下山，为内心而来的定制假期。

每一个既下山存在地都拥有历史与人文结合的独特自然环境，是目的地的文化客厅，联结旅行者与当地文化。每一个既下山店都因处于不同的文化环境中，各自呈现出自己独特的样貌和状态。但总体上，既下山希望能构建一个拥有"内观式度假生活方式"的世界。

回归山海城，寻一点慢与素

说到大理，许多人的第一印象是披雪的苍山、安静的洱海、清新的空气和温暖

的阳光。但大理之所以为大理，古城是不变的灵魂，依托着有1200年历史的南诏古都，山与海才更加可贵。

2014年，既下山创始人赖国平带领从哈佛归来、师从妹岛和世的建筑师赵扬来到大理古城叶榆路上一处砖混结构的民宅，这便是第一间既下山的开始。

以大理传统建筑形态为蓝本，既下山·大理古城店大胆使用国际上施工难度较高的建造方式：木模清水混凝土与基地回收的石材结合。难得的是，大师手笔加上使用如此少见的材料，既下山看起来却非常隐忍。

无论是建筑师、设计师，还是既下山品牌都更注重酒店的内涵，因此整个酒店自然、低调、内敛。依地势而建，不刻意筑型；功能优先，不刻意出挑；舒适为本，不刻意追求大牌。正是这种自然而然的建筑方式，让整个酒店看不到明显的、刻意的华丽，只有浑然一体的舒适。

虽然秉承了极简的建筑形式、低调的用色，但建筑内却另有乾坤。酒店拥有极其复杂的空间变化，大门朝东而开，体量不大，走入大门便是中庭。两处水景庭院，前植清香木，后有修林竹，再无其他烦琐的装饰，但酒店转圜的结构，却让整个空间素简而神秘。

古代讲移步换景，在转圜的空间结构里，设计师将光与影、空间的转折和变化做了精心的搭配，在这里不用移步，你只需要转一下身，所看到的景象，就完全不一样了。

八个小尺度的单体建筑围绕前后两个庭院布置，而小单体之间却又有足够的空隙，保证了每个房间有充分的日照、通风和独立性。仅14间房，极小的体量，但光影错落。一楼以两个庭院为核心聚拢，二层在空间上相对发散，不大的空间却似一个小村落格局，行走其间，仿佛一幅幅流动的画面。

记录在地村落美学，打造小型文化基地

除了建筑独特的外观，既下山·大理古城店在体验上也一直延续了行李旅宿品牌一贯的"不仅仅是卖一张床位"的理念，而是一种真正的当地文化体验。酒店只有14间客房，每一间客房都是唯一的空间体验。酒店客房内收藏了大理作为茶马驿站的各种风物和从全世界搜罗的设计师家具，呈现为一个微型博物馆，从历史纵深、生活场景方面营造出关于大理历史与人文最深度的体验感。

这里的14间客房，每一间都有一个主题，或与本土文化相关联的细节。整个酒店呈现出一个小型在地博物馆样貌，将大理茶马驿站的各种风物融入其中：诠释了云南民俗文化的博大精深的甲马、博物馆藏级的贝叶经、某任土司的官印……从某种意义上说，既下山·大理古城店已经不是一个单纯的酒店项目，而是一个当地村落美学复兴的基站，从历史纵深和生活场景上都营造出了关于大理历史与人文的深度体验。

除了对本土文化的崇尚，既下山·大理古城店也有着相当高水准的国际化品位。

从20世纪60年代挪威经典午睡椅到1948年野口勇设计的咖啡桌、德国沃达迈公司生产的经典工业风格台灯等，家具均来自设计师名作原版，同时结合大理本土古老的打铜工艺……你可能会感到这里不像大理，但却又很大理。

承袭行李旅宿文化，既下山·大理古城店作为在地服务基站，在服务上不仅满足"宿"的舒适需求，也创造"旅"的深度体验。他们认为，真正好的服务不是有高低之分的仆从式服务，而是恰到好处地提供生活的便捷和高山流水遇知音式的交流。除了管家服务，既下山·大理古城店的管家还应对本土文化有更深层次的了解，对当地独特的地理人文风貌了如指掌，并能为客人提供私家推荐，成为靠谱的私人旅行管家。旅行度假本身就是对喧嚣世事的逃避，既下山·大理古城店提供纯净舒缓的旅行体验，希望让客人回归内心的宁静。与自然乡土亲近，与天地精神往来，私人旅

行管家可带你体验真正的大理闲适生活。或游吟山野，苍山徒步、竹林禅修、落日野餐；或做半日农夫，到泥土里采摘有机蔬菜或当季水果；要么干脆拜个师傅，学习花艺陶瓷、扎染木雕、炒茶烹饪等手艺。哪怕足不出户，也可寻个有花飘落的雅致天气，围炉烹茶、闲话异乡。在既下山·大理古城店的日子，如望青山故人，从容安宁。

正如设计师赵扬的初衷，希望通过既下山·大理古城店本身，让大家重拾一些传统，重新给来大理的人一个庭院、一栋建筑、一种生活的尺度、一些可能慢慢被当地人都遗忘的文化和传统。这是既下山·大理古城店，一个避世之所，也是一个古老在地文化的深度体验馆。

地址 ▶ 云南省大理白族自治州大理市叶榆路南51号

联系方式 ▶ 0872-2686864

周边景点 ▶ 大理古城、洱海门、五华楼、崇圣寺三塔公园

瓦蓝·惜汐湾

一生之水：
在醉蓝的洱海上，优雅地醒来

云　南

文——余音

图——瓦蓝·惜汐湾

如果每个城市票选一个浪漫的蜜月度假民宿或是一个最值得"私奔"的地方，大理我会投给双廊的"瓦蓝·惜汐湾"。

抵达瓦蓝·惜汐湾，有两条路。风景不同，惊喜却一致。

我到达那天，沿着环海公路在大建旁村本祖庙下车，在对面的大树下，没一会儿，瓦蓝·惜汐湾的店员便开着在巷子里穿行自由的三轮车来接我。坐在车上，在狭窄的巷子里穿行，本地的民居旁，有穿着白族传统服装的老人在晒太阳，也有比一线城市还骚气的酒吧，很冲撞又很和谐，很容易让人觉得自己在东南亚某个隐秘的小岛上穿行。

瓦蓝·惜汐湾的门口，并不醒目。但当我走进前厅，眼前便豁然开朗——洱海，就这样展现在我眼前，瓦蓝·惜汐湾像浮在洱海之上。

另一条路线是到达双廊后，穿过一个停车场，便到了码头沿岸，岸边有着花园洋房和成排的咖啡座、遮阳伞以及游轮往返码头和南诏风情岛。建筑洁白，海水蔚蓝，阳光明媚，海鸥在银色的波光中飞翔。湖的那边便是苍山，山峰上常年积雪，泛着银色的光……原来，双廊的美，被古镇包围。沿着这条路发着呆，便到了瓦蓝·惜汐湾。

　　"风花""雪月""潮汐"……名字都带着一种清爽的、柔软的、多情的海洋气息的无敌海景客房组成了瓦蓝·惜汐湾的住宿区。

　　客房以原木为主,纱幔、石板、藤椅、绿植……简约但浪漫,温暖且柔软。房内设施及卫浴洗浴用品均选用国际一线品牌。瓦蓝·惜汐湾的空间很大,却并不急于展示自己的丰富,装饰很考究,但都懂得谁才是整个空间的"C位"——洱海,180°、270°大尺度海景是瓦蓝·惜汐湾的标配。身处其间,洱海,就在眼前;洱海,就在脚下。

　　"风花"的全景落地窗，让你无须离开房间便可以欣赏到洱海漂亮的海景与夜晚的星空；"雪月"除了无敌海景，还有露天阳台，如果不想去公区，清晨或者黄昏，可以坐在阳台的摇椅上，喝着店里特备的红酒，看着洱海璀璨的日出和粉色的落日，心情就如洱海一样，舒缓、悠长、明媚。

　　我住的是位于二楼的海景大床套房"潮汐"，面积竟达到了65平方米！第一眼就知道，这房间最适合蜜月或者情侣旅行了。2米的大床，临窗是超大的浴缸，沐浴的时候可以看到窗外的洱海和飞鸟；夜晚的时候，来个泡泡浴，开一瓶红酒，烛光摇曳，分外浪漫。超大的露台上，放着网红的玻璃球摇椅；还有两个人的圆形遮阳躺椅，简直就是露天的床了，可以依偎着等日出、等日落、等星星、等月亮、等一起磨磨蹭蹭变老。

一个人住，空间有些奢侈。但眼前这一切，一下子就让野性自由的灵魂出窍撒欢了。

　　第二天的清晨，我好像是被一道神奇的光叫醒的，但我并不懊恼。躺在一张超大的床上，羽绒的被子轻柔温暖，身体的曲线恰到好处地舒展着，经过昨天的路途劳顿之后，有一种宛如新生的喜悦。

　　此刻，我躺在床上，稍微歪一下头，苍山洱海就在我眼前，它们也刚刚醒来。

　　晨曦的光亮还没有全然击退黑暗。太阳淡淡的橙红色爬上苍山，越过洱海，穿过窗外的玻璃球摇椅，到了床上，暖暖的。偶尔有几只海鸥飞过清晨的水面。此刻，这世间只有三种声音：水声沙沙，然后就是我的心跳声和呼吸声。

　　如果是一对情侣，那此刻，在苍山洱海间醒来，会发现，这世界如此安静，这世界只有彼此。

　　浪漫，从此刻开始。

瓦蓝·惜汐湾的客房是一种不愿醒来的温柔，但瓦蓝·惜汐湾还有明媚等着每个旅者去享受。

瓦蓝·惜汐湾的餐厅和前厅在一起，空间同样有海洋般的宽阔自由。在这里，可以享受免费的早餐、阳光和洱海。早餐并不花哨，但很贴心。瓦蓝·惜汐湾很讲究时序，所以一年四季，在这里都能吃到每个节气所对应的食品，这种时序餐饮，除了是味觉的盛宴，也是一种发自身心的愉悦舒适。

如果怕晒便留在餐厅内，听着舒缓的音乐，吃着早餐；也可以靠在窗边，靠着超大的泰迪熊，和它一起吃早餐。浪漫的吃法是，涂好防晒霜，走到临湖露台，让苍山洱海做早餐的装饰。

当然，也可以在餐厅来个浪漫的下午茶或烛光晚餐。咖啡、精酿啤酒、精选红酒、鸡尾酒，随心选择。蓝调布鲁斯悠扬，撩动心弦；窗外，香草色的天空望不到头。心，是柔软的，就像洱海。

最好的体验是坐在太阳伞下，等日落。在洱海这边能经常看到丁达尔效应，光柱从云层打下来，好像上帝之手在操纵这人间通往天堂之路。

瓦蓝·惜汐湾最惊艳的地方，在它的楼顶，这里隐藏着"天空之镜"。

无边际的水面，视觉上延伸到干净透明的洱海，仿佛一体。大量玻璃、镜面的运用，让整个露台充满了魔幻感。沿着水面上的台阶，走到一块镜面前，镜子映着天空的表情，低头，天空和白云在你的脚下，美到窒息。竖立的镜子，让你走着走着就看见了很多自己，仿佛置身于一个镜中迷宫。

水面上还有浴缸，躺在里面，特别像在洱海里沐浴泛舟；当然也有藤编的茶桌苓椅，浮在水上聊天论道，才真真是神仙日子。

　　这种透明的魔幻感，一下子惊艳了双廊。许多在别处留宿的旅人，看到建好后的瓦蓝·惜汐湾，划着船过来住。

　　这之后，这个露台就成了很多新婚夫妇和情侣的必到之所。在这里，有人求婚成功，有人初尝新婚喜悦，当然也有公司在这里举办露天酒会。这个"天空之镜"就是一个注定要见证幸福和美好的地方。这尘世的幸福，值得让天空、苍山、洱海、大地知道。

　　瓦蓝·惜汐湾的美，浓得超过了波尔多的红酒。除了美得醇厚、清澈，还有温暖。在不可预见的遇见之行里，人与人之间从相识到彼此信任，创造更多相遇的可能，也创造更多的回忆。十几年的光阴，这里见证了迷途的探索，幸福的喜悦，有人走，有人留；有人浪迹天涯，有人求婚成功……他们是曾经的记忆，也是隐约的幸福。时光前行，一切都渐成风景，却嵌入瓦蓝·惜汐湾的空间里，揉碎在洱海的波浪间，不可言说，却自有深意。

　　"一到双廊误终身"，真如是，真如诗。在这里，除了许诺、交付自己的一生，别无选择。

地址 ▸ 云南省大理白族自治州大理市双廊镇岛依旁村210号

联系方式 ▸ 0872-2461111

周边景点 ▸ 洱海、南诏风情岛、太阳宫、月亮宫

喜林苑·宝成府

一个美国人写给中国的"情书"

云南

文——余音

图——喜林苑·宝成府

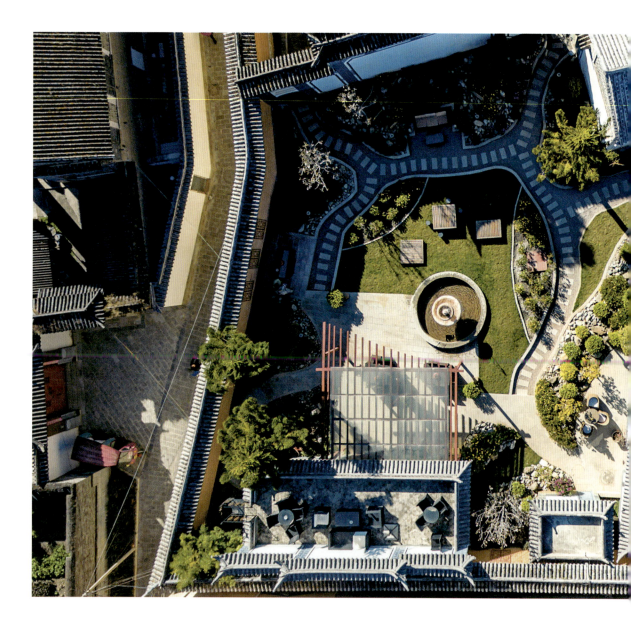

　　"我想不起，在国内什么偏僻的地方，见过这么体面的市镇，远远的就看见几所楼房，孤立在镇外……

　　"进到镇里，仿佛是到了英国的剑桥，街旁到处流着活水：一出门，便可以洗菜洗衣，而污浊立刻随流而逝。街道很整齐，商店很多。有图书馆，馆前立着大理石的牌坊，字是贴金的！有警察局。有像王宫似的深宅大院，都是雕梁画柱。有许多祠堂，也都金碧辉煌。

　　"不到一里，便是洱海。不到五六里便是高山。山水之间有这样的一个镇市，真是世外桃源啊！"

　　老舍先生在《滇行短记》里盛赞的这个体面的市镇，就是喜洲镇。

　　我看到这段话的时候，它写在喜洲古镇"宝成府"的外墙上。

　　宝成府的主人是严宝成。严宝成，何许人也？

　　"穷大理，富喜洲"。清末至民国初年，喜洲商业之风大炽，有四大家、八中家、十二小家，至今，这些家族领军人物的名字还刻在喜洲镇中心的牌楼上。

当年喜洲最富有的四大家商号在上海、武汉和香港开设分号。四大家之首严家经营的"永昌祥"号更甚，总号两个，国外分号六个，国内分号七十余个，以棉纱、茶叶、黄丝、布匹、绸缎、猪鬃、金银、外汇、药材、汽车等为生意主项，经营范围遍及长江以南诸省及缅甸、印度各大商埠。

严宝成，便出自大富严家。他19岁从云南政法专科学校毕业，进入商界之前，他先后担任洱源县、宾川县县长。任宾川县县长期间，他不拿俸禄，并拿出自家财产支持本地慈善事业的发展，更与其父先后捐资兴建喜洲小学、喜洲苍逸图书馆、喜洲医院，投资喜洲电厂、下关电力公司，维修大理崇圣寺三塔。

"卢沟桥事变"以后，1939年4月初，华中大学搬到喜洲镇，将喜洲南门外相互毗邻的大慈寺、玉皇阁、奇观堂和张公祠等寺庙作为校址。一时间，喜洲更是文化名人聚集。严宝成便与徐悲鸿交好，徐悲鸿也曾有多幅画作，留于宝成府。

宝成府位于喜洲镇中心，与严宝成之父

的宅院（现严家博物馆）比邻。宝成府始建于1928年，历时九年方完工。在没有建筑机械的年代，宝成府可谓是"全手工"打造。但这座手工建筑也应用了不少进口材料，大门墙体和院内的水磨石所用水泥均来自英国，是地地道道的"洋灰"。

宝成府整体建筑呈L形展开，北面两院是白族传统的"三坊一照壁"结构，宁静悠然，为严宝成及其家人的居所，也是喜洲最大的合院。第三院则是西式洋楼与花园庭院，绿树成荫，幽静明媚，是严家会客待友之地。登上屋顶的阳台，便可以俯瞰整个喜洲古镇。

中华人民共和国成立之后，宝成府的用途几经变化，也被烙上不同时代的印记。严宝成一家于1952年搬出，之后宝成府成为舟桥连的驻扎地（舟桥连在中越战争时期负责桥梁工事建设）。部队撤离后，当地政府索性将宝成府变为"文化栈"，与旁边的"喜洲电影院"一起成为喜洲的文化娱乐中心。

2014年，喜林苑接手宝成府，历时近两年，完成了对宝成府的修缮。一字照壁、木雕格子门、青石长板……重现其当年的建筑气质。宝成府，就像一个饱经沧桑的老人，皱纹里埋藏着历史。

　　进到喜林苑·宝成府的大门的时候，主人布莱恩·林登正在给他收集来的老木门刷漆，见到我便露出了美国人特有的爽朗又有着儿童般对这个世界的热情的微笑，然后还要抱怨两句："现在的年轻人都不喜欢自己动手做东西了。"也许在他看来，自己的家，要自己动手去做，才会有自己的味道和灵魂吧。

　　照壁上是"廉吏家声"，这是严家的家训，也道出了他的背景。

喜林苑·宝成府共有14间精品客房，各有不同，装饰风格与喜林苑·杨品相宅一样，保留了白族传统特色，但风格更为浓郁。客房的墙上同样挂着当年的老照片和一些版画。

院落内、走廊的墙上陈列着很多佛像以及白族的宗教雕塑和老物件。在小洋楼内，还特别设立了一个小型的博物馆，放着林登夫妇收集的各类艺术品，如版画、扎染、老绣片等物件。

从走廊上往下看，小洋楼外的庭院里摆着很多张花纹明丽的铁艺桌椅，很有西洋的味道。透过阳光，树的影子细细碎碎洒在地上，分外幽静。一个大爷正坐在院子里晒太阳，据说这个大爷已经在这里住了一个多月了，他的儿子住过这里后十分喜欢，便送老人来此度假。

现在的喜林苑·宝成府，既可在小洋楼里独享宁静，也可在后花园中与三五好友相聚畅饮。宽敞的公共区域更为集体活动提供了充足的空间。这里有可容纳20人的大会议室，会议室外就是小洋楼和花园；有巧妙利用小天井的空间改造而成的阅读室；会议室外的第三院，晚上可用作影像放映等活动空间；还有一个特别的瑜伽教室，女主人会带着客人在此做瑜伽。

喜林苑·宝成府在后院开辟了一个特别的美食体验教室，带客人去喜洲热闹的早市挑选新鲜食材，回到院子里烹制本地可口菜肴。有选用本地土鸡、山珍以及杂骨经过24小时熬制高汤的过桥米线，也供应轻食、甜点、咖啡、茶及经典鸡尾酒。

　　我到喜林苑·宝成府前台的时候，正有两个外国姑娘在工作。带我来这里参观的青云告诉我，这是在此进行交流学习的学生。凭借中美两国生活的背景，林登夫妇打造了颇具特色的国际教育游学项目，长期合作的教育伙伴包括美国西德威尔高中（奥巴马与克林顿的子女均就读于此）、上海美国学校（中国最早的国际学校）、美国明德学院（美国排名前五位的文理学院）等著名学府。同时，喜林苑·宝成府还开设了自有教育项目，内容涵盖影像教育、自然教育等。影像教育是由喜林苑·宝成府和德国独立电影人合作发起影像工坊，邀请学生来此进行拍摄实践，完成自己的影片，并有机会投递数个国际影展。自然教育，则依托喜洲丰富而又独特的鸟类自然资源，进行观鸟活动。

　　如今的喜林苑·宝成府，和当年的主人严宝成一样，保持着豁达从容的态度和居住方式。

　　这不得不提它现在的主人——布莱恩·林登。布莱恩·林登出生在一个并不富裕的美国家庭，毕业于一个非常普通的社区大学，一个美国人做着一个失败的美国梦。但是，上天给他开启了另一扇门。1984年，他获得北京大学入学资格。之后，他被电影制片厂选中担任了《他来自太平洋》这部电影的主角；进入美国哥伦比亚广播公司，成为一名驻华记者，和华莱士一起采访过邓小平。可以说，来到中国，是他人生的转折点。

地址 ▶ 云南省大理白族自治州大理市喜洲镇富春里3号

联系方式 ▶ 0872-2453000

周边景点 ▶ 严家大院、四方街

此后，他回到美国，等再回中国时，已是林登夫妇。他们用两年多的时间考察了福建土楼、广东碉楼、甘肃夏河，几经辗转，步履不停。直到2005年，两人在云南大理古城北边的一个村子里停了下来。他们找到一座茶马古道上的老宅，多方筹措资金，把它翻修成了客栈，筑起了自己的中国梦：创建了一个跨文化交流中心，关注文化传承和历史遗产保护。

可以说，为了表示对中国的感情，喜林苑，成为他用颇为理想主义的方式写给中国这位"人生导师"的一封"情书"。而宝成府，便是这"情书"最动人的一部分。

喜林苑·杨品相宅

躲进最繁华的世外桃源，品味百年白族大宅的柔软时光

云 南

文—— 余音

图—— 喜林苑·杨品相宅

从大理古城朝喜洲古镇开过去，抵达之时，一大片油菜花田跃然眼前，像是出其不意的惊喜。油菜花的尽头，有一座古旧的橙色外墙包裹着的老宅，一眼就能看出它曾经历岁月，此刻有着被时光雕刻的优雅和安静。

这座老宅，便是杨品相宅。

让人讶异的是，在这个传统的白族人的宅子，门口的第一个门楼竟是在20世纪20年代的上海十分流行的石库门。从这宅院的门口，我便知道这个宅子会有许多故事等我去挖掘。

穿过石库门的门楼，又是一个门楼。但这个门楼委实让我无法移动脚步，如果当时有相机拍到我的眼神，我的眼睛里当有光。它实在太精美了！气势恢宏，串角飞檐，壁画精美细腻，令人眼花缭乱。实际上它是一种典型的白族三滴水门楼制式，下雨时，雨滴渐次落至第一、第二飞檐，最后落至地面，有"财源滚滚"之意。这个杨家门楼便是"喜洲三宝"之一。

杨品相先生（1900—1975），喜洲著名商人，自幼随叔父——"喜洲商帮四大家"之一的杨鸿春学习经商，后与家里的兄弟联手开设"光明"商号，主营黄金、外币与棉纱，在香港、昆明和大理下关一带开展业务，名列"喜洲商帮八中家"。非常有意思的是，杨品相先生思想开放，热爱文艺：喜欢家乡的音乐，使用唱片录下喜洲洞经音乐，带它一同去上海；喜欢上海的石库门，便把这风格带回喜洲。这也就是为什么在一进门的时候，我便看到了石库门。而杨家门楼更是由杨先生亲自督工，反复修改多次，才成今日我们得见的国宝级门楼。

　　杨品相宅建于1947年，杨品相先生的雅致、细腻和多年游历带来的开阔视野与审美包容在这座宅院得以体现。中华人民共和国成立后，杨品相宅被用作部队营房、军队医院和幼儿园，机缘巧合地被保留下来。2001年，杨品相宅被评为国家级文物保护单位。2006年，喜林苑接手运营杨品相宅，修缮两年后于2008年作为精品酒店正式对外开放。

　　穿过这个国宝级的门楼，一面照壁在大理的蓝天下显得格外气势磅礴，照壁下的水池正中是一尊佛像，让这院子显得格外禅静。喜洲商人素有将家训题写在照壁上的传统，而这家训也以姓氏作为区分。而这照壁却是空白的，仔细找来才发现，"清白传家"的家训被刻在了照壁对面的雕栏里，凹凸的刻痕构成"清白传家"这四个字的轮廓阴影。杨品相先生还真是与众不同！

　　喜林苑·杨品相宅南北两院均采用"三坊一照壁"的白族典型建筑制式，每坊三开间布局，各坊通过精巧的走廊相连接。北院主房居西，照壁在东；南院主房居北，照壁居南。空间布置灵活跳跃、流动感强。

白族的雕刻艺术闻名于世，不论是石雕还是木雕都是精美绝伦。在喜林苑·杨品相宅里，斗拱重叠，檐角飞翘，每一个屋檐下都是花木摇曳，雕梁画栋。使用猪血、母乳、金粉调配的彩绘雕花，历经七十多年仍不褪色。天蓝色的屋顶打破深色房梁营造的严肃氛围，再镶上金色木雕贴片，或动物，或花朵，或几何图形，细节处理之恰当，令人拍手叫绝。

第一进院走廊围栏上，有一个个刻写着杨品相先生人生感悟的小方框，它们像是武侠小说里的"锦囊"，孩子们在生活不如意时拆开一个，即可获得解答。壁上有些"锦囊"并未题字，也许杨品相先生希望孩子们能自己寻找到答案，在此刻下。

第一进院为公共区域，餐厅、酒吧、茶室、会议室、儿童游戏室一应俱全，还设有一间藏书约2000本的图书馆，大部分书籍由喜林苑创始人布莱恩·林登夫妇从美国搬运来，一小部分是十年间客人赠予喜林苑的读物或亲手绘制的旅行绘本。同时，这个院落也供非住店客人参观。

喜林苑·杨品相宅的布置我也非常喜欢。墙上有许多照片和海报，讲述着当年飞虎队在云南战斗的历史。这里还有一个特别的电视房，"布莱恩希望大家出来交流，而不是封闭在自己的客房里。"工作人员说。

往里走的第二进院为客房区域，设有16间客房，多种房型，可以满足个人、情侣和家庭多种住宿需求。每间客房都依循传统白族风格设计布置，家具是由当地的木匠打造的，细节之处皆是白族民居之美。

我住在客房区的二楼，钥匙是我喜欢的传统钥匙。床头是老门板，床上铺着红、白、绛红及浅咖色格纹相间的锦缎被子，配着同样材质的靠垫，泛着隐约的花纹。那材质一眼看去就知道是旧时大户人家喜欢用的，柔软、舒适、毫不张扬。窗户是过去的老窗户，每扇窗户都不大，有窗格，但是一排一排的，既保护了隐私，又有良好的采光

性和通风性。布莱恩告诉我，他们没有改变这里建筑的一丝一毫，除了修缮，都保持着当年的样子。推开窗，楼下的花园里，两个外国女人安静地坐着。我喜欢轻轻推开窗的那一瞬间的感觉，它会让我想起，我们的祖先曾经如何在中国的土地上，优雅、精致、从容地生活着。

晚上，还有开夜床的服务。走进房间的时候，除了水果，两侧的床角还放了巧克力，分外用心。老宅完全被包裹在夜色之中了，这房间古老而温馨，我好像回到了小时候，回到了奶奶家……

走到院子的尽头是小花园，有一个露天观景台，有桌椅，三两朋友可以聊天；有躺椅，一个人可以白天观云夜晚观星。我特别喜欢这露台，视线非常开阔。脚下是一片油菜花田，三三两两的游人在拍照，也有新婚的夫妇在拍婚纱照。远处，苍山如墨，云很厚很低，仿佛从苍山下爬上来。阳光在云后，打成手电筒的光束，照下来，美极了。

喜林苑·杨品相宅每天下午有"游园"的活动，通晓中英文的工作人员会带领客人参观，讲述老宅的历史和建筑之美。

次日的清晨，工作人员会带大家"逛早市"，沿路会介绍喜洲的马帮文化、家族，也会介绍老宅。

路上还会去延续着纯手工传统制作技艺的饵丝制作工坊，学习饵丝的制作方法；此外，还有周城扎染可以体验。

菜市场是迅速了解一个地方人文风物的"博物馆"。早市上，阿妈们身着传统服饰，让整个菜市场多了别样的美。喜洲共有13个村子，几乎每个村子都有自己独特的手工技艺，周城扎染、金圭寺羊毛毡、河矣村竹编……在这里都能让你见到最原汁原味的景象。早市结束后，一定要在小摊上尝尝当地正宗的破酥粑粑。

　　当然，你也可以在喜洲古镇逛逛那些十分文艺的小店。街上有很多卖首饰和扎染的店，令我印象深刻的是一家卖甲马的店。逛完小店，一定要去"田咖啡"，喝一杯手冲咖啡。"田咖啡"不大，但足够安静地消磨时光。客人可以根据自己的喜好，选择墙上的杯子来放咖啡。泡好咖啡，转过身，便是那片油菜花田和远处的苍山，有几只鹭鸶，正飞过田间。

地址 ▶	云南省大理白族自治州大理市喜洲镇城北村5号
联系方式 ▶	0872-2452988
周边景点 ▶	海舌生态公园、圆角楼

　　喜洲，无论彼时彼刻的现实，还是此时此刻的回忆，都是温暖的、浪漫的。它就像是从诗意的文字中走到现实的桃花源，荡漾着歌声、跃动着诗意、闪烁着光亮。

贰叁

不争第一，只做"贰叁"

23 CityInn

We offer lounge,brunch,coffee,cold drinks,craft beers,red wine and techno.

Enjoy yourselves.

"每次雨后的洱海是很任性的。"有人说。

是因为这句话，我才决定来双廊的。我想，说这话的人，一定是一个用诗意解读生活的人，一个真正有趣的人。

"大理风光在苍洱，苍洱风光在双廊。"其实，双廊原本默默无闻隐在洱海的东岸。大理的热闹，在洱海的西岸：人理占城、众多趋之若鹜的景点。东岸则清寂许多，也因此保留着它的原生态。其实双廊的文艺是千百年来浸到骨子里的。自明代始，"沉酣六朝，揽采晚唐"的"明代三才子"之首的杨升庵，滇中"理学巨儒"明代云南著名文学家、理学家李元阳；及至今日，著名舞蹈艺术家杨丽萍、画家赵青、作家苏童均与此有着深深浅浅的情缘。

四处流浪的背包客，就像文艺旅行的先觉者，凭借骨子里的浪漫嗅觉最早选中双廊。慢慢地，双廊便文艺起来，成了时尚青年来大理必打卡的海边文艺小镇。

苍山如银，洱海如翠；红色的杜鹃在岸边开得烂漫，白色的海鸥在水面飞翔；岸边的白色洋房和咖啡馆静静矗立。这一切，都懒洋洋地晒着太阳，澄澈、柔软……

双廊火了，外来人带着资本来此开店，也带动了本地的物业升值。像许多地产火热的城市或者度假目的地一样，双廊当地的很多年轻人，靠着家里物业获得的租金收益过着无所事事的富裕生活。

杨奥是个例外。

这个帅气的白族男孩，开了一家叫"贰叁"的民宿。

他说："每次雨后的洱海是很任性的。"

来双廊之前很久，此前来过双廊的朋友便说："如果你哪天去双廊，我推荐一个热情的白族小伙子给你认识，他会带你玩到最真实的双廊。"

像很多人一样，未抵达贰叁之前，我想象着因为杨奥是双廊本地人，又为白族，位于双廊镇大建旁村的贰叁一定有着强烈的白族风格。

但意料之外，杨奥是双廊的例外，贰叁也是。

至今回忆起贰叁，总让我想起洱海彼岸的苍山，泛着银色的柔和的光。侘寂、优雅、洁净、自带工业冷感，身处其间，却有着让灵魂和个性肆意驰骋的舒适感。

刚进入公区，明亮的白墙、沉稳的黑色楼梯、黑色家具和皮质沙发，很有质感的色系，为入门后的风格埋下惊喜的伏笔。二楼走廊里的竹墙，让空间里立刻有了自然的润泽和柔软，巧妙地中和了工业风格过硬的视觉冲突。

贰叁一共有四层楼，却只做了十间客房。客房空间的尺度开阔，毫无逼仄之感。内部的空间设计简洁干练，黑、白、灰营造出的冷格调渗入洗漱用品中，呈现出一种轻工业场景的性格：低敛但充满高级感；而皮质、木、花砖等温暖的材质语言，却在细腻的地方，在工业风格中平衡出暖度，颇有些雅痞的味道。

我最喜欢的房间是贰叁的家庭房。灰色的墙面，亮银色的床，白色窗帘飘来飘去，颇有点儿超现实主义的意思，好像可以做一个月光一样的梦。

　　贰叁的室内设计，是我见到为数不多的既有设计感又不设计得过分堆砌的风格，它有恰到好处的节制，也有恰到好处的舒适。跟许多到过"贰叁"的朋友聊天，大家都一致评价，其空间风格把控得极其到位。但是，贰叁却并非设计师作品。软装方面，是杨奥和他的合伙人亲自设计、布置的，而他们并非设计师出身。爱玩音乐的杨奥告诉我，他以前是学电工的。所以，美，是一种天赋。驾驭它，需要人的内心有一片诗意的风景。那样，美才是自然。

贰叁利用小元素做出了优雅的空间，但是对看不见的那些决定住宿感受的细节却是花了大心思。贰叁的床品全是杨奥亲自试过，自己觉得好，才会给客人用；洗浴用品的选择也非常有品位。

在公共空间上，前台做了一个精酿啤酒吧。双廊很文艺，但在双廊玩精酿啤酒的大概只有杨奥。坐在室内公区的沙发上，听着杨奥所选的音乐，喝着精酿啤酒，绝对是一种享受。

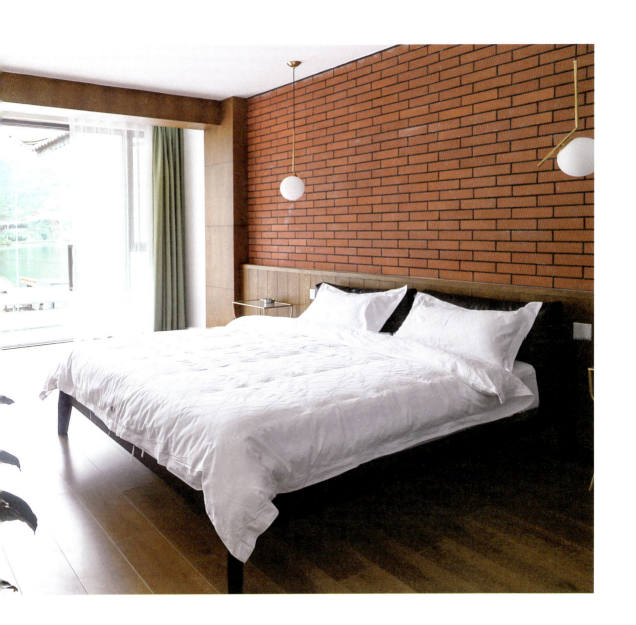

同时，贰叁有一个户外的公区。一层很私密，竹子和白色鹅卵石打造出很日式的明净空间。在撑着的伞下，可以喝茶也可以小憩。二层的空间，可以看到不远处的洱海。虽然没有一线海景，但是贰叁的位置却很好，在一个小山坡上。站在二层房间的阳台上，就可以看到开阔的洱海。

虽然贰叁的空间充满工业感，但杨奥这个白族小伙子的心灵却是暖的。玩音乐的杨奥，身上有着一种超越区域限制的文艺气息，所以跟他聊天绝对是心灵的一种快乐。但是，他又有着本地人特有的热情。如果运气好，赶上当地的流水席，他便可能会带着你一起去赴宴。而在这最本地的餐桌上，你才真正地走进了当地人的生活。

　　"想说很多话，打了很多字，却又默默地删掉了，希望每个人都能永远有梦，不被所谓成熟所束缚。"

　　如果读完这段话，你的心被蜇了一下，那你还年轻，你还在路上，还想找真正的文艺。所以，一定要去住贰叁。

地址 ▸	云南省大理白族自治州大理市大建旁296号
联系方式 ▸	15125202390
周边景点 ▸	双廊风景区、正觉寺、南诏风情岛、洱海

大理青朴精品度假酒店

一间看得见风景、住得进主人内心的房间：
我好像住进了一个人的心里

云 南

图 —— 大理青朴精品度假酒店   文 —— 余音

金梭岛的美，上天入地。

从天上俯瞰，这里形如金梭。传说在大理一带，天上有一位善织彩锦的仙女将自己的金梭遗落在洱海，幻化为岛，是为金梭岛。

从岛上考古发掘出土的陶片、陶网坠来看，早在新石器时期便有先民生活于此；先秦至两汉时代的铜剑、铜矛等文物，则证明了岛上一直有居民生活。

金梭岛很美，但是至今没有被过度开发，依然保持着它的古朴安静，除了少量游客，只有祖祖辈辈生活在这里的渔民，日出而作，日落而息。

大约十年前，一个做音乐的年轻人和他的朋友，从阿里顺着滇藏线路过金梭岛，在这里停了下来，做了一间民宿——大理青朴精品度假酒店。

　　"青朴"，本是位于西藏桑耶寺东北7.5千米的纳瑞山腰的一处地名，是著名的修行之地。大理青朴精品度假酒店的主人将店名取名"青朴"，便是希望这里是自己内心的家——一个照见内心、抵达内心的安宁与平和之所。

　　坐船登上金梭岛，一切都是一个小渔村该有的样子：白墙灰瓦的民居，主路边的民居门前摆放着自家的商品，如各种鱼干、虾米……岛上没有什么叫卖声，大约是因为游客并不多，店主也放心地让这些货物独自晒着太阳，并不理会，自顾自做着自己的事情。

　　穿过井字交织的幽深巷子，洱海便跃然眼前。这条路并不宽，沿着路走下去，就到了大理青朴精品度假酒店（简称"青朴"）。青朴的门口并不像许多临海的酒店或者民宿那样过分卖弄自己的海景，它是安静的、保留着自我的与洱海的对话。

　　典型的白族的青砖房子，一侧墙面竹子掩映，形成一条清幽的通道，对于青朴的好奇就在这一刻产生。

　　走到玄关的地方，店员给我换了一双白族的绣花布鞋，踩在青板砖上，瞬间便有了一种放松的轻盈感，也有了落地的踏实感。再往里走便是休息的公区，有极简的坐榻，也有用浸着时光重量的古老渔船的旧木做成的木椅。阳光透过玻璃顶上盖着的竹帘，隐隐投下来，尽头是苍翠的竹子，整个空间都很幽静。向右侧看去，窗外便是一个枯山水的庭院。这时，你会发现，整个建筑是传统的围合的白族建筑空间，而建筑的中央便是这枯山水的庭院。如果建筑会说话，那么这个庭院，便是它的中心思想吧。庭院另一侧的立面采用了镜面，这一侧的立面恰好映照在里面，让整个空间多了一种迷宫般的神秘感。

　　沿着回廊往里走便是吧台和休息的公区，风格混搭但是生出一种和谐的美：白族的空间里，有着汉族的典雅、西式的舒适；可以于中式的案头读书写字；也可以躺在西式的沙发上，听着老音乐从留声机里飘出来。空间里有很多佛像作为装饰，传达出一种宁静、流畅的美。

　　走到尽头，便是茶室了。茶室不大，但分外雅致。最令人着迷的是，茶室内挂了几幅日本二玄社复制的中国国宝级书画作品，其还原能力之精微、制作水平之高超，令人赞叹。坐在茶室里喝茶，窗外的枯山水一览无余。

青朴的房间并不多，只有6间。主人说，他只是把这里当作了家，一个安静的家，朋友们也会来做客，而这也最大限度地保证了青朴的幽静。房间也是中式和西式混搭，每间都能看见洱海。

每个房间，都有主人精选的音乐。作为一个做音乐版权的音乐人，青朴的主人有着十分出色的音乐品位。音乐响起，看着窗外的洱海，海鸥飞起的瞬间，你便会彻悟："生活的主题就是，面对复杂，保持欢喜。"

我在青朴之时，与店长相谈甚欢，虽然并没有见到主人，但是总有一种奇妙的感觉：在青朴，我像是住在一个人精心设计的心灵迷宫里，这里的一切都颇有趣味，值得玩味，一草一木都像是在和主人对话。

事实也确实如此。青朴由大理著名的艺术家、曾设计过杨丽萍的太阳宫和月亮宫的赵青所设计。装饰则是主人一点一点修改完善，就如同人的成长一样，一点点长成自己所喜欢的宁静优雅的模样。主人说，青朴尝试营造的是一种静谧的美。每个角落都藏了很多细节，等待有缘人慢慢坐下来品味和体会。也许，建筑所蕴含的生命力，并不仅仅来源于它的形式。如同人一样，惊艳相遇是外在美，性情相投才是内在美。而路过青朴，停留下来的人，便是那些读懂了主人心思的人。

青朴是洱海边上少有的既能看"海"又有庭院的民宿。主人说，希望每个来青朴的人，除了看"海"，也都能到庭院中来，用另一种角度看待自己、看待世界。

青朴，总让我想起一个老派的贵族，不
张扬，但喧阗散尽，他会独自走进地窖，打
开那罐来自深海的珍稀的鱼子酱，那是他人
生独享的美妙时刻，那是他与自己内心的独
处时刻。

向外，是星辰大海，人世宽广辽阔；向
内，是修竹种菊，内心丰盈平和。这就是我
理解的青朴。

地址 ▶	云南省大理白族自治州大理市海东镇金梭岛村金希湾
联系方式 ▶	18987227347
周边景点 ▶	洱海海东风景区、罗荃半岛旅游区、天镜阁

云 南

CHAPTER 03

香格里拉

花筑·嘉措别苑

松赞香格里拉林卡

香格里拉，这世界最后的秘境，这世界我们内心最后可以安放之处：独克宗古城，马帮进藏的第一站，就如它的名字一样，泛着淡淡的月光色；有着"日照金山"胜景的梅里雪山，宁静神圣如远古诸神居所；噶丹松赞林寺，云南最大规模的藏传佛教寺院，是"小布达拉宫"，也是藏族艺术博物馆……

而香格里拉的民宿，也有它别样的风情：住花筑·嘉措别苑，睡土司的床，做这雪域最大的王；而在松赞香格里拉林卡，你可以尽情品味藏族文化，而不经意间，在它的餐厅、书吧或者任何角落，又隐隐有一种法式的逸乐，使你不自觉地在时空交叠的瞬间，生出一种多维生命感知的窃喜。

花筑·嘉措别苑

睡土司的床，
做雪域最大的王

云 南

文 —— 余音

图 —— 花筑·嘉措别苑

"第一眼看上去，作为一座城市的香格里拉并没有太多惊艳之处。它的美藏在它自然的山川之间。"带着翻山越岭的疲累和这样肤浅的偏见，在清冷的天色中，我走进花筑·嘉措别苑。

大厅严格遵守藏族建筑格局，装饰也是浓郁的藏族风情，色彩明艳、纯度很高，让人瞬间就感受到美的存在。前台的背景是"扎西德勒"的吉祥图案，欢迎着每个到这里来的人。前台旁边一个硕大的酒缸分外醒目，大红的纸上一个"酒"字，让整个空间都多了一种豪气。聊起来才知道，老板娘徐姨还有自己的青稞酒厂。

彼时，老板娘徐姨一家正围坐在大厅内改良的藏式火炉边聊着家常，虽然我没有听懂他们在说什么，但那氛围是熟稔的，是万家灯火下的温暖。

不过，只一眼就能感觉到，我，进入了一个藏族人的家。

"先来烤烤火。"徐姨帮我放好行李箱后，拉我到炉边，然后给我端上一杯酥油茶。我这个千里之外闯入的人，竟然也没觉得陌生，就像在阿姨家一样自然地和大家聊了起来。

跑过来欢迎我的还有一只叫作"丁香"的白色边境牧羊犬，它就像一个娇嗲的小女生一样把头靠在我的怀里，眼神温柔清澈，没有任何攻击性，全是对这个世界的热情和善意。

我抬头便看见墙上的唐卡。墙上的隔板里放着藏传佛教的"八宝"，色彩绚丽，在灰色的深沉中显得格外纯粹。藏族人对色彩的运用向来纯度很高，就像这高原上热情的生命。

徐姨的父亲是汉族人，母亲是藏族人，祖上是土司，族里出了几个活佛，噶丹松赞林寺现任的级别最高的活佛便是徐姨的表哥。

"那唐卡就是开业时活佛送的。"徐姨指着天井中悬挂的唐卡跟我说，"当时还为我们点了一千盏灯祈福。"

一边说着，徐姨和洛桑大叔一边带着我参观客房区。绕过大厅，便是中庭。围合的天井结构部分全是厚重朴实的木材，风格质朴雄健，细部的雕花却精细隽永。阳光透过穿顶照到室内，照到活佛送的唐卡上，让这个空间多了一种宁静的美。

天井的影壁上写着："住进嘉措别苑，我是雪域最大的王。"

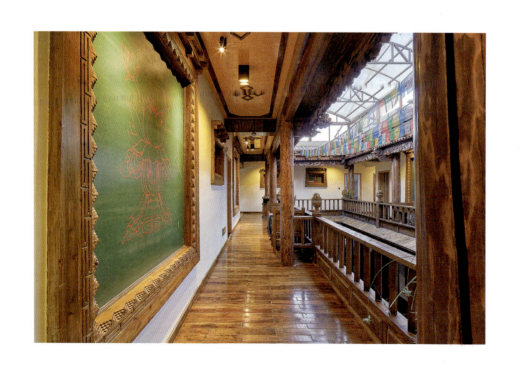

"为什么叫嘉措别苑？"看着影壁，我唐突地问，"因为仓央嘉措吗？"

"是啊，仓央嘉措是我们尊敬的活佛，他的诗很浪漫的。我很喜欢他的诗，所以客栈的名字就取自仓央嘉措，在客房的走廊上有很多仓央嘉措的诗。"

"纳木错湖等了我多少年，我便等了你多少年""用一朵莲花商量我们的来世"……墙壁上仓央嘉措的情诗，让花筑·嘉措别苑多了一份藏式的文采风流。

洛桑大叔告诉我，他和徐姨走遍香格里拉，收了很多老木材，放到花筑·嘉措别苑内作为装饰。"这些老木材越来越少，有些木质家具上面的藏式雕花，现在已经很少有手艺人能做了。"说这话的时候，洛桑大叔的感叹中有着些许遗憾。

所以在花筑·嘉措别苑，是这些来自民间的老木材唱主角的，它们或许曾被废弃，但此时带着自己的历史和故事，继续在这个空间和更多的人去对话，聊聊历史，聊聊未来，聊聊香格里拉，聊聊世界。

　　也正因为老木材和老的藏式雕花越来越少，所以洛桑大叔和徐姨把这些日益珍贵的材料和家具放在了花筑·嘉措别苑。

　　花筑·嘉措别苑的客房便是藏族人生活场景的再现。除了藏族百姓最朴素的木床，还有藏族人的牡丹床，有的客房床头是藏族人晒青稞的麦架，有的则是藏族人的井，洛桑大哥还以同样在香格里拉生活的傈僳族作为主题打造了客房。

　　土司曾经是藏族土地上的统治者，所以洛桑大哥利用这些老木头，找老的工匠按照土司和土司夫人的居住制式打造了土司床和雕着凤、喜鹊等吉祥鸟儿的土司夫人床。

　　我住的便是土司房。木床上充满了精细的雕花，这些雕花现在已经很难找到人做了。而我的房间里还有一个非常独特的物件———张真正的土司用过的桌子。这张桌子在徐姨的老家院子里被找到，徐姨把它带回来，放进了土司房。我打量着这张桌子，桌上的磨损昭示着它的沧桑，但上面雕刻的鸟兽依然清晰生动、栩栩如生，大概因为太美，岁月饶过了这雕刻。

　　有个作家来这里住了三晚，喜欢上了这张桌子，愿出高价买走，徐姨夫妇却怎么也不肯卖。我想，对于徐姨来讲，它不仅是价格不菲的老物件，它还曾是自己的祖辈用过的物件，有着祖辈流传下来的情感。也正因如此，后来的我以及许多住过这个房间的人才有机会亲手去触摸这张桌子，想着土司当年在桌边是否也如我们一样。

　　下着雪的香格里拉很冷，但是房间里却非常暖和。

　　浴室的感觉也非常舒适。石材的空间，洗浴设备用的是当地出产的黄铜，两种材质搭配起来，很低调却非常有质感和格调。为了避免高原反应，徐姨特地嘱咐我第一天不要洗澡，不过我还是试了一下水温，非常舒适。

休息过后，没有任何客套，我很自然地和徐姨一家在餐厅吃了饭，那感觉真像我到姨妈家吃饭。徐姨做了当地的特色菜——烤藏香猪，香嫩酥脆，味道极美，手艺很好。第二天早晨，店长给我准备了米线，调料味道超级赞，"这调料是徐姨秘制的。"店长跟我说。

花筑·嘉措别苑紧挨着独克宗古城。吃过晚饭，慢悠悠走十几分钟便到独克宗古城了。这里不仅是中国保存得最好、最大的藏民居群，而且是茶马古道的枢纽。"独克宗"藏语意为"白色石头城"，寓意"月光城"。我在夜色之中，看了这月光之城。月色之下，白色古城分外妖娆。

回到店里，徐姨夫妇已经睡下，但是店长还在。我们喝着青稞酒，天南海北地聊天。店长说："如果明天不下雪便带你去看巴拉格宗大峡谷，如果下雪咱们就近一点去普达措。"那场景就像我随父母回老家，看

到表兄弟和表姐们一样，他们会把他们爱玩的、好玩的分享给我。

醉意之中，我躺在了舒适温暖的土司床上。今夜，我是这雪域最大的王。

地址 ▶ 云南省迪庆藏族自治州香格里拉市建塘镇香巴拉大道古城段108号

联系方式 ▶ 0887-8828866

周边景点 ▶ 独克宗古城、五凤山

松赞香格里拉林卡

藏地秘境，
抵达自我的灵魂之旅

云 南

文 —— 余音

图 —— 松赞香格里拉林卡

我固执地认为，游览香格里拉最好的方式是坐车或者自驾。

这一路的体验实在是绝佳，雪山峡谷、高原湖泊、高原草甸、原始森林……你看到的，便不再是风景，而是古人所说的山川气象。

出丽江古城，经虎跳峡，车在214国道上盘旋。路上几乎见不到其他车辆，在山腰上硬凿出来的这些弯弯绕绕的路陡峭蜿蜒如臂肘，盘旋缠绕着这崇山峻岭，你甚至无法预测山的另一侧掩映着的是万丈深渊还是一马平川。诱惑与恐惧中，荒凉与孤寂里，飘曳着的梦幻感觉……这一切，令人炫目又豪情激荡。

经过山中的无数次转弯，再穿过叫作"香格里拉"的城，噶丹松赞林寺的金顶在落日的照耀下，泛着神性的光辉。神秘与梦幻之间，生出一种终于抵达世界尽头、生命归宿之感。

过噶丹松赞林寺，绕到后面飘着袅袅炊烟的藏族小村，沿着村子的土路行至村子的最高处，就到了松赞香格里拉林卡——一座古朴的藏式贵族体验式五星级酒店，一座可生活在其中的藏文化度假博物馆。

　　酒店的大门很隐蔽，进入院内，24栋石砌藏族碉房建筑依山势而建，高低错落、层叠而上，呈和谐自然的状态，风格是粗犷和浑厚的。车要驶过一幢幢的石砌藏屋，才能到达前台。从大门到前台，心便雀跃了，我急于知道接下来将是怎样的人生际遇。

　　帅气挺拔的藏族小伙儿已在大厅前，微笑着帮我取下行李。大堂是浓郁的藏式风格，如游丝般若有若无的藏香香气中，脸上微微泛着高原红的藏族服务员体贴地奉上姜茶和酥油小曲奇。

办理好入住手续后，工作人员帮我把行李送到房间。没有使用房卡，而是传统的家门钥匙，手工打制的铜质钥匙牌，握在手里的感觉，就像自己的家门钥匙。我喜欢这种感觉，它让人觉得温暖而真实。

木，石，铜，在松赞香格里拉林卡随处可见。室外，石板路，石墙，石阶……房间内则是"木"做主角，木门，木床，木椅……铜是主要的装饰：保留着打磨痕迹的铜杯、铜台盆、铜质舀水瓢……有着浓浓的藏式腔调；整个内部壁灯用最传统的木制框架及牛皮纸制成；有藏元素图案的刺绣是桌子的布饰。除了牦牛毛织毯、唐卡、靠垫、窗帘也是典型的藏族的明丽风格。这一切都恰到好处，不过分堆砌。

我住的是豪华套房，进入房间之后，除了这浓郁的藏族风情，我几乎一下子就被目光之内的所有细节所征服了。

来香格里拉的时候，是冬末初春时节，此时温差很大。但进入房间的时候，房间里却很暖和，此外还特别在壁炉边备着炭，可以烤火。电器的线全隐藏在柜子内，柜上镂空的格子又让你能清晰地看到有什么电器可以使用。桌上有水果，也有特制的曲奇，还备了刀叉，不致吃得粗鲁。夜晚回房间的时候，水已经给你烧好，放在保温杯里。浴室的毛巾特别准备了能包裹头发的。我并没有问床垫的品牌，但是它带来的舒适感，我只在一张报价14万元的床垫上感受过，好像它自己能生出温暖的热量。

"要将赤子之心藏在每个看得见风景的房间。"主人白玛多吉如是说。对于我房间的阳台，我几乎是入迷了。我坐在阳台上，看着雪花漫天飘洒着，噶丹松赞林寺就在我的眼前，壮美而深沉；我脚下是丰饶迷人的乐园：农家安放的青稞架，牦牛走来走去，鸟叫声不绝于耳，自然众生都在眼前。它是与我从前毫不兼容的精神世界，却给我一种开阔、悠远、悠然的感觉。

夜晚，裹着橄榄绿色睡袍，坐在阳台上的椅子上，丝毫没有冷的感觉。过去、未来都融入这夜色之中。黑暗中，有种神秘感让人为之怦然心动，每一口呼吸，每一次凝望，都有一种近乎迷醉的平静。

松赞香格里拉林卡的餐厅也具有浓郁的
藏式风情。餐厅的窗户并不开阔，但装进了
高远的蓝天、白色的云朵、黄绿色的高山草
句和宫殿——金碧辉煌的噶丹松赞林寺。

酒店的SPA中心"松赞林卡藏红花理疗"
和"藏式酥油理疗"是SPA的特色产品；OM
藏文化禅修课，也具有独特的藏族风情。

入住的时候，酒店送了云南规模最大的藏传格鲁派佛教寺院噶丹松赞林寺的门票。作为川滇一带的黄教中心，噶丹松赞林寺在整个藏区都有着举足轻重的地位，被誉为"小布达拉宫"。该寺依山而建，外形犹如一座古堡，集藏族造型艺术之大成，又有"藏族艺术博物馆"之称。蓝天白云和寺庙金顶一起倒映在寺庙前波光粼粼的拉姆央措湖中。

除了酒店内的在地文化体验，你还可以参加松赞香格里拉环线及松赞滇藏线旅行。线路旅行，是松赞品牌最迷人的特色之一。松赞目前有10家酒店，每个酒店都坐落在云南和西藏风景最美丽的地方。数年前，松赞和路虎开启了战略合作，客人坐着松赞酒店的藏族管家驾驶的路虎，通过七八天的旅程，把整个滇西绝美的风景串联起来，而且每晚都可入住不同的松赞酒店。一路上，除了风景，更有鲜活真实的在地文化可以体验。

在这一段又一段的风景之中，在这一段段充满探险的旅途中，我们认识了藏区，也抵达了自我。而抵达自我的地方，才是愿意回的"家"——松赞香格里拉林卡。

地址 ▶ 云南省迪庆藏族自治州香格里拉市建塘镇松赞林寺小街子村（近克纳村）

联系方式 ▶ 0887-8285566

周边景点 ▶ 噶丹松赞林寺、拉姆央措湖

松赞香格里拉林卡

图书在版编目（CIP）数据

民宿中国行 . 云南 /《民宿中国行》编写组编著 . —北京：
中国科学技术出版社，2019.6
ISBN 978-7-5046-8312-0

I. ①民…　II. ①民…　III. ①旅馆—介绍—云南
IV. ① F726.92

中国版本图书馆 CIP 数据核字（2019）第 116440 号

策划编辑	秦德继　符晓静
责任编辑	秦德继　白　珺
营销编辑	齐　放
封面设计	孙雪骊　赵　亮
正文设计	锋尚设计
责任校对	杨京华
责任印制	徐　飞

出　　版	中国科学技术出版社
发　　行	中国科学技术出版社有限公司发行部
地　　址	北京市海淀区中关村南大街 16 号
邮　　编	100081
发行电话	010-62173865
传　　真	010-62173081
网　　址	http://www.cspbooks.com.cn

开　　本	787mm×1092mm　1/16
字　　数	230 千字
印　　张	13.25
版　　次	2019 年 6 月第 1 版
印　　次	2019 年 6 月第 1 次印刷
印　　刷	北京博海升彩色印刷有限公司
书　　号	ISBN 978-7-5046-8312-0 / F・881
定　　价	68.00 元